SEHEN · STAUNEN · WISSEN

# FUSSBALL

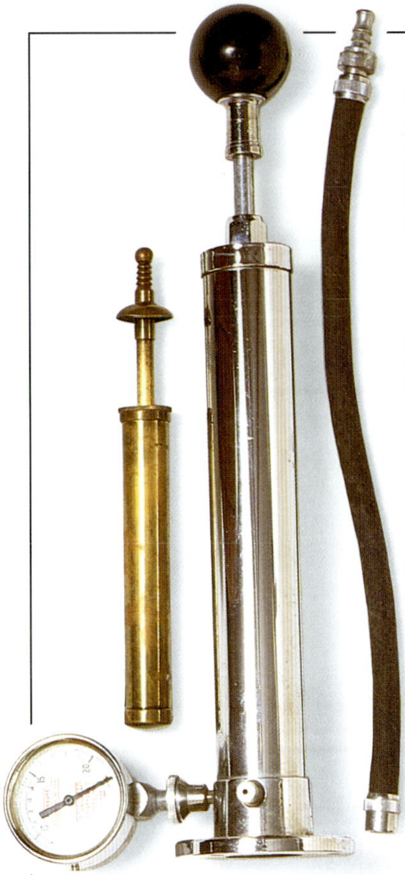

Fußballpumpen (um 1900)

Französische Haaröl-
reklame (um 1930)

Streichholz-
behälter
(1905)

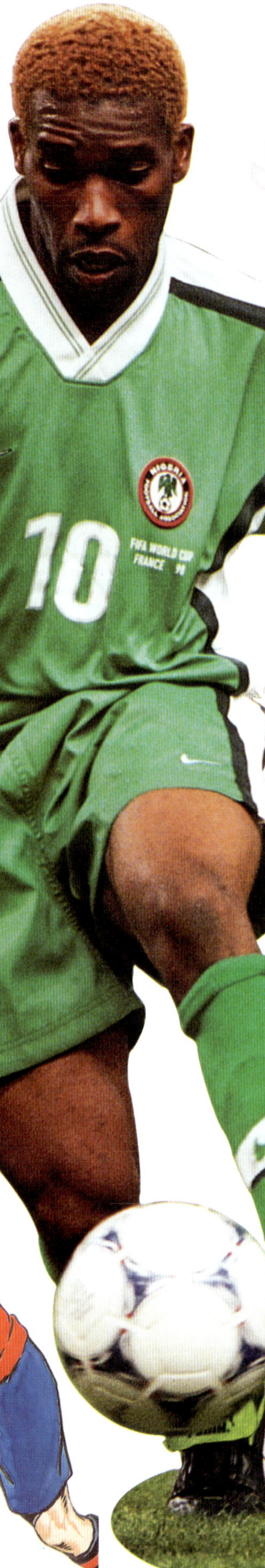


Jay Jay
Okocha aus
Nigeria

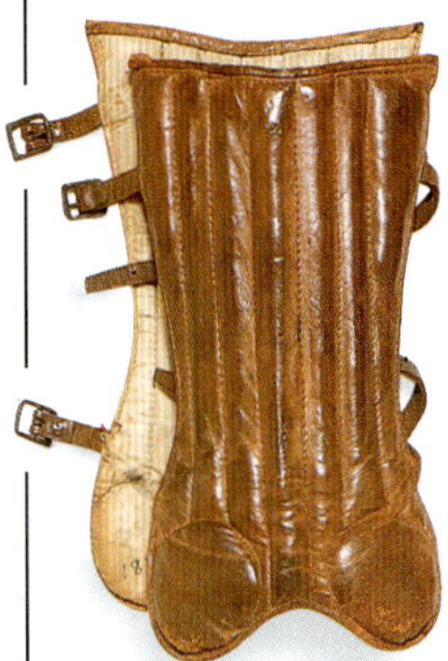

Schienbeinschützer
(um 1900)

Schienbeinschützer
(um 1910)

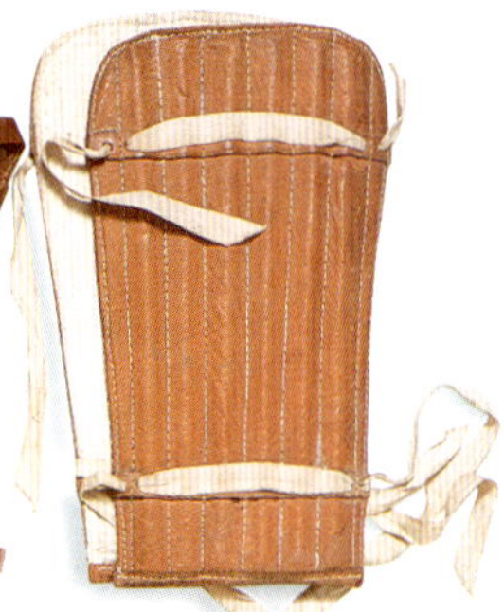

Schienbeinschützer
(um 1930)

Schrift-
schablo-
nen aus
Kupfer
(Anfang
20. Jh.)

Fußball
der WM 1966

Fußball der WM 1998

Torwart
(Darstellung
um 1930)

Porzellanfigur, frühes 20. Jh.

SEHEN · STAUNEN · WISSEN

Porzellanfigur, frühes 20. Jh.

# FUSSBALL

Vom Bolzplatz zur modernen Arena
Die Geschichte eines Volkssports

Text von Hugh Hornby
Fotos von Andy Crawford

Fußball (1912)

Gerstenberg Verlag

Trikot
(19. Jh.)

Gipsfigur
(um
1900)


Bibliografische Information Der Deutschen Bibliothek

Die Deutsche Bibliothek verzeichnet diese Publikation
in der Deutschen Nationalbibliografie;
detaillierte bibliografische Daten
sind im Internet über *http://dnb.ddb.de* abrufbar.

Trikot der australischen
Nationalmannschaft (1925)


Ein Dorling-Kindersley-Buch
Originaltitel: Eyewitness Guides: Football



Lektorat: Annabel Blackledge, Sue Grabham,
Louise Pritchard
Layout und Gestaltung: Yolanda Belton,
Georgia Bryer, Andrew O'Brien, Julia Harris,
Jill Plank
Herstellung: Kate Oliver
Bildrecherche: Amanda Russell
Beratung: The Football Museum

Aus dem Englischen von Cornelia Panzacchi, Bayreuth
Redaktionelle Bearbeitung der deutschsprachigen Ausgabe
von Margot Wilhemi, Sulingen



Satz: Gerstenberg Druck GmbH, Hildesheim
Printed in China

www.gerstenberg-verlag.de

ISBN 3-8067-4543-9

06 07 08 09 10 8 7 6 5 4


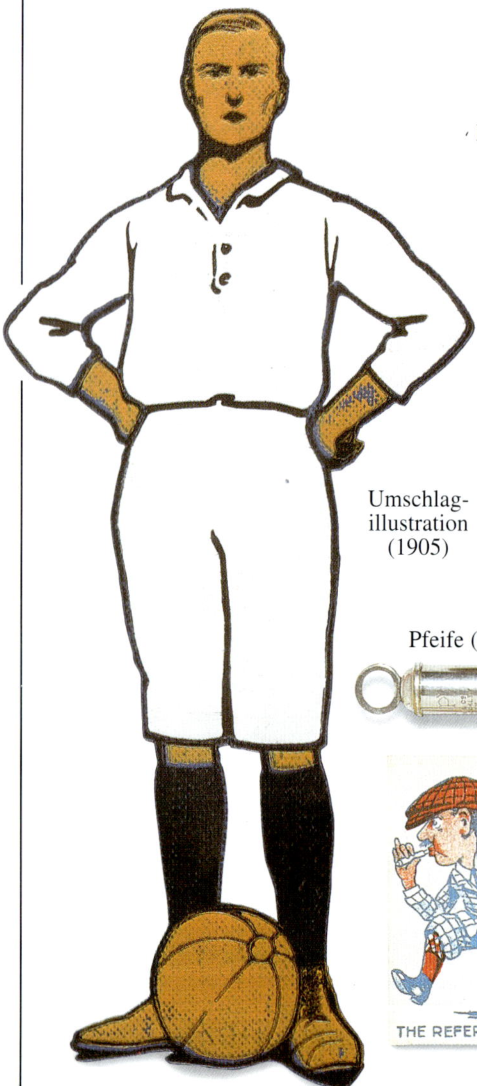

Umschlag-
illustration
(1905)

Trikot von
Newcastle
(1908)

Pfeife (um 1940)

Schiedsrichter
auf Schnipp-
schnapp-Karte

Taschen-
messer

Taschenmesser

Silberne
Hutnadel
(um 1930)

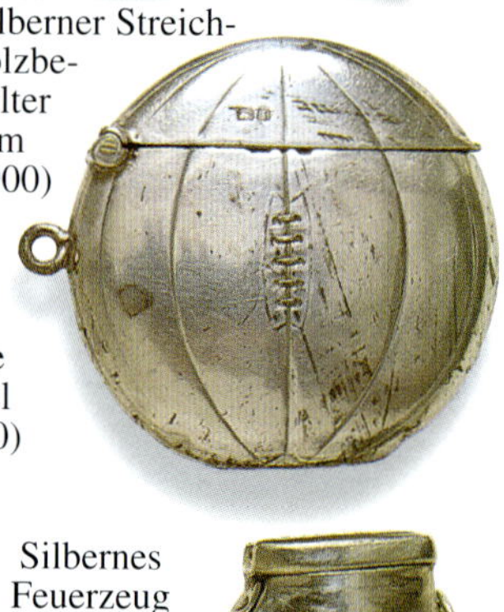

Silberner Streich-
holzbe-
hälter
(um
1900)

Silbernes
Feuerzeug
(um 1920)

Trikots aus einem Katalog (um 1890)

# Inhalt

Anstecker

Ungarn Nieder-lande Italien Brasilien


In aller Welt 6

Geschichte des Fußballs 8

Spielregeln 10

Der Schiedsrichter 12

Der Fußballplatz 14

Spieltechnik 16

Der Torwart 18

Spieltaktik 20

Verletzungen 22

Fußbälle 24

Fußballschuhe 26

Spielkleidung 28

Zubehör 30

Berühmte Spieler 32

Medaillen und Kappen 36

Berühmte Clubs 38

Die Fans 40

Der Spieltag 42

Das Stadion 44

Die Weltmeisterschaft 46

Pokale 50

Spiele zum Spiel 52

Fanartikel 54

Fußball als Geschäft 56

Daten, Fakten und Worterklärungen 58

Register 62

Luftalarm-Ratsche (um 1940)

Ratsche für Erwachsene (1900)

Kinderratsche (Anfang 20. Jh.)

Kinderrassel mit Fußballbild (um 1930)

Luftalarm-Glocke (um 1940)

# In aller Welt

Spiele, bei denen ein Ball mit dem Fuß getreten wurde, sind aus dem alten China, Assyrien, Griechenland, Rom und Amerika bekannt. Sie dienten als Training für Krieger, als religiöses Ritual oder einfach nur der Unterhaltung. Im Laufe der Jahrhunderte wurden unterschiedliche Spiele entwickelt. In Europa galten sie als Übung für Mut und Ausdauer; in China und anderen orientalischen Ländern legte man Wert auf Anmut und Geschick. Die Regeln des modernen Fußballs wurden erst 1863 festgelegt, aber die Maßstäbe für ein gutes Spiel – Schnelligkeit, Geschicklichkeit, Einsatz – gelten schon über 2000 Jahre.

Ball aus Ashbourne

**ASHBOURNE-BALL**
Im englischen Ashbourne finden immer am Fastnachtsdienstag die *Shrove-Tuesday*-Fußballspiele statt. Zwei Mannschaften, „die Oberen" und „die Unteren", versuchen den Ball mit allen Mitteln in das gegnerische „Tor" – einen Torbogen am anderen Ende der Stadt – zu schießen.

**HARROW-BALL**
Englische Privatschulen wie Harrow und Eton spielten nach jeweils eigenen Regeln Fußball und legten diese schriftlich fest. Auf dieser Grundlage entstanden die ersten offiziellen Fußballregeln.

*Der Ball aus Harrow war oben und unten abgeflacht.*

**FUSSBALLTRAINING**
Dem chinesischen „Gelben Kaiser" Huangdi wird nachgesagt, dass er um 2700 die ersten Regeln für ein Spiel namens *Tsu chu* („einen Ball treten") aufgestellt hat. Zunächst möglicherweise als Übung für Soldaten gedacht, wurde es später im Rahmen der Feier des kaiserlichen Geburtstages gespielt.

足球

*Ein englischer Fußballexperte deutete diese Schriftzeichen als „mit dem Fuß treten".*

Chinesische Schriftzeichen für „Fußball"

**SPIEL FÜR HOHE HERREN**
Im 16. und 17. Jh. wurde in einigen italienischen Städten, u.a. Venedig und Florenz, an bestimmten Feiertagen Calcio gespielt. Männer aus vornehmen Familien bildeten zwei Mannschaften, die den Ball durch Tore an beiden Enden eines Platzes zu schießen versuchten. Körperkontakt war erlaubt, auch Taktik, Aufstellung und gezielte Pässe waren wichtige Elemente des Spiels.

*Die Spieler trugen farbenprächtige Kleidung.*

*Der Ball war kleiner als ein heutiger Fußball.*

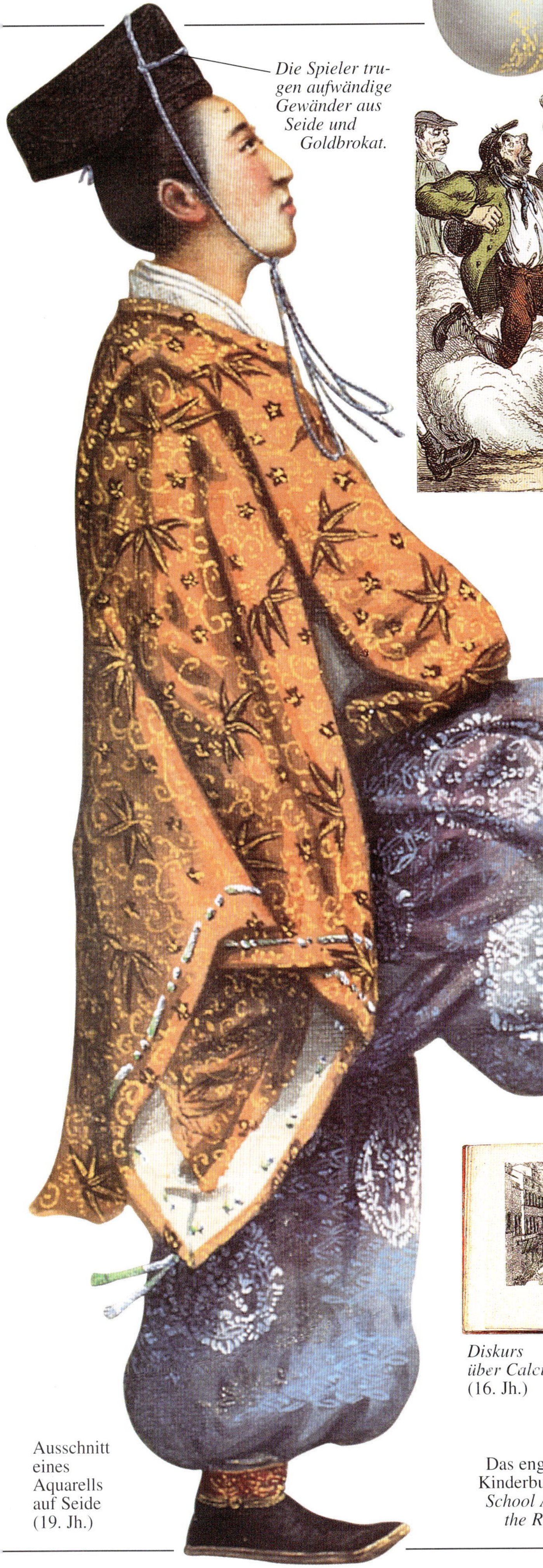

*Die Spieler trugen aufwändige Gewänder aus Seide und Goldbrokat.*

*Aus Lederstreifen genähter Ball*

*Männer unterschiedlichen Standes spielten zusammen Fußball.*

**AUF DEN STRASSEN VON LONDON**
„Straßenkehrer, Kohlenmänner, Gentlemen und Stadtschreiber bei einem mörderischen, aber demokratischen Spiel". Diese Karikatur zeigt, wie es im frühen 19. Jh. oft auf den Straßen Englands zuging: Es galt „jeder gegen jeden". Zerbrochene Fensterscheiben und andere Beschädigungen führten in vielen Städten zu einem Fußballverbot – das jedoch kaum beachtet wurde.

**ALTES RITUAL**
Das japanische Kemari wurde vermutlich im 7. Jh. aus einem älteren chinesischen Fußballspiel entwickelt. Anders als die ziemlich chaotischen europäischen Vorläufer des Fußballs unterlag es strengen Regeln und war Teil eines zeremoniellen Rituals. Es wird noch heute gespielt. Ziel ist es, den Ball innerhalb der Grenzen eines kleinen Spielfelds in der Luft zu halten.

*Bei Kemari sind Geschicklichkeit und Gleichgewichtssinn wichtig.*

Ausschnitt eines Aquarells auf Seide (19. Jh.)

**BÜCHER ÜBER FUSSBALL**
Seitdem Fußball gespielt wird, wird auch darüber geschrieben. Das erste bekannte Buch zum Thema ist der *Diskurs über Calcio* von Giovanni da Bardi, 1580 in Florenz veröffentlicht. Fußball inspirierte auch die Dichter. Das Gedicht *A Match at Football* (*Ein Fußballspiel*) von Matthew Concanen erschien im 18. Jh. in einer Anthologie. Im frühen 20. Jh. wurde Fußball immer beliebter. *The School Across the Road* (*Die Schule auf der anderen Straßenseite*) von Desmond Coke ist eines der zahlreichen Kinderbücher aus jener Zeit.

*Diskurs über Calcio* (16. Jh.)

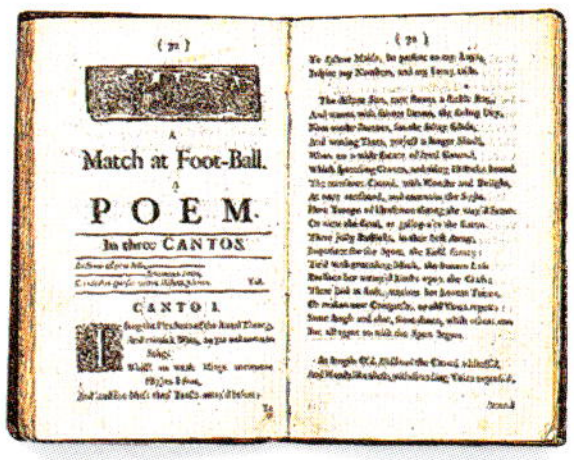


Englische Gedichtsammlung (18. Jh.)

Das englische Kinderbuch *The School Across the Road*

*Das Buch ist mit Farbtafeln illustriert.*

# Geschichte des Fußballs

Der moderne Fußball, der heute Menschen auf der ganzen Welt begeistert, entstand im 19. Jahrhundert in England und Schottland. Ehemalige Schüler englischer Privatschulen brachten den ersten verbindlichen Regelkatalog heraus und sie gründeten im Jahre 1863 einen Verband, die Football Association (FA). Der Deutsche Fußballbund (DFB) wurde 1900 gegründet. Um diese Zeit entwickelte sich auch der Berufsfußball mit Profi-Ligen. Die erste deutsche Meisterschaft gewann 1903 der VfB Leipzig. Um die Weltmeisterschaft spielen die Nationalmannschaften seit 1930.

**EIN FRÜHER HELD**
Zunächst waren die Spieler Amateure. C. B. Fry von den Corinthias war einer der ersten berühmten Spieler. Er war außerdem Mitglied der englischen Kricket-Mannschaft und hielt den Weltrekord im Weitsprung.

**SCHAUSPIELEREI**
Im frühen 20. Jh. reisten englische Mannschaften um die Welt und stellten in vielen Ländern das Fußballspiel vor. Dieser Schild wurde den Islington Corinthians 1937 in Japan überreicht.

Kappe von Arnold Kirke Smith

*Aus Freude über den Sieg im Pokalendspiel machte Kinnaird einmal einen Kopfstand.*

*Die drei englischen Löwen wurden erstmals 1872 verwendet.*

Arnold Kirke Smiths England-Trikot

*Dicht gestricktes Wolltrikot*

**DAS ERSTE LÄNDERSPIEL**
Im November 1872 spielte Schottland auf einem Kricketfeld in Glasgow gegen England. Etwa 2000 Zuschauer waren Zeugen des 0:0-Unentschieden. Trikot und Mütze (links) wurden von Arnold Kirke Smith von der Universität Oxford getragen, einem Mitglied der englischen Mannschaft.

**MODERNE REGELN**
Lord Kinnaird war von 1890–1923 Präsident der *Football Association* (FA) und an der Gestaltung des modernen Fußballs maßgeblich beteiligt. Davor hatte er in neun der ersten zwölf FA-Pokalendspiele mitgespielt; seine Mannschaft hatte fünf davon gewonnen.

**TALENTIERTE TEAMS**
In der *English Football League* traten 1888 zwölf Mannschaften an. Das Gemälde von Thomas Hemy (1893) zeigt zwei erfolgreiche Clubs aus den 1890er-Jahren: Aston Villa, den fünfmaligen Gewinner, und den dreimaligen Pokalsieger Sunderland, „das Team der Talente“.

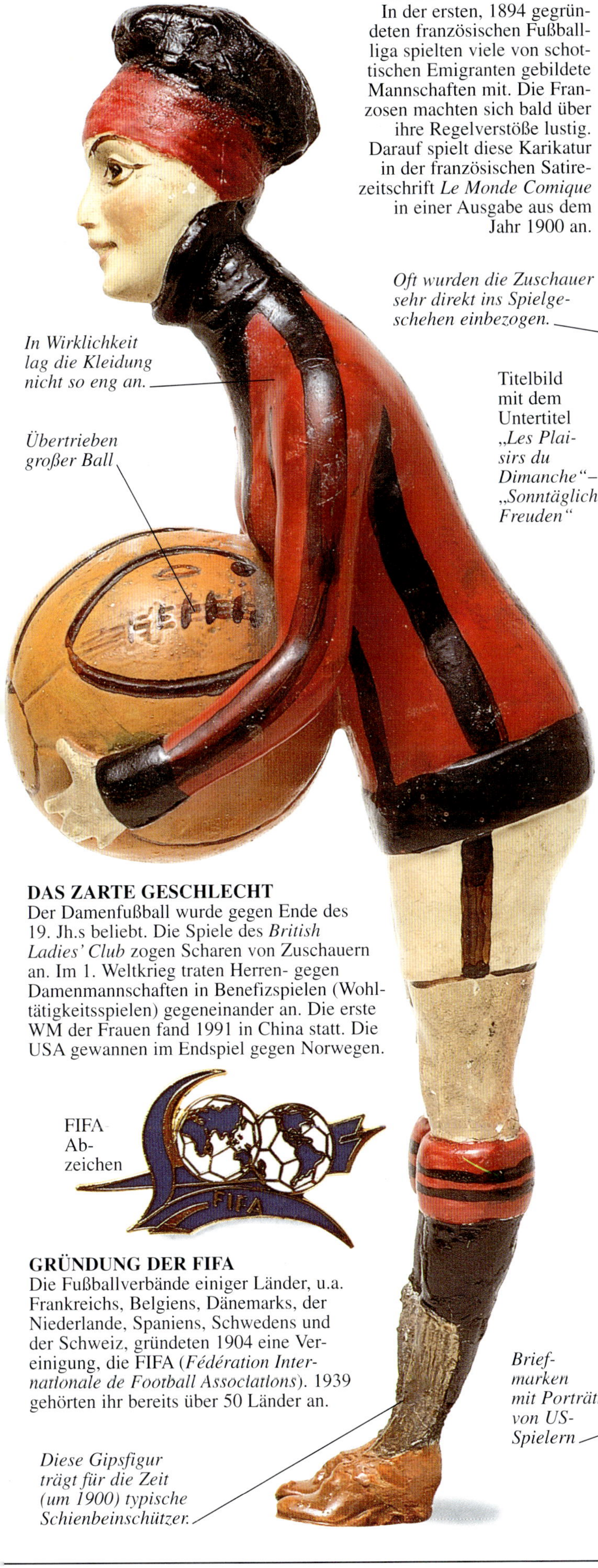

In Wirklichkeit lag die Kleidung nicht so eng an.

*Übertrieben großer Ball*

*Diese Gipsfigur trägt für die Zeit (um 1900) typische Schienbeinschützer.*

**UNGEZOGENES SPIEL**
In der ersten, 1894 gegründeten französischen Fußballliga spielten viele von schottischen Emigranten gebildete Mannschaften mit. Die Franzosen machten sich bald über ihre Regelverstöße lustig. Darauf spielt diese Karikatur in der französischen Satirezeitschrift *Le Monde Comique* in einer Ausgabe aus dem Jahr 1900 an.

N° 720 NOUVELLE PÉRIODE PRIX: 10 CENTIMES

LE MONDE COMIQUE

ILLUSTRÉ

JOURNAL HEBDOMADAIRE, 8, RUE SAINT-JOSEPH, 8, PARIS

Prix des Abonnements : Paris, un an, 6 fr. — Départements, un an, 8 fr. — Union postale, 10 fr. — Un Numéro par semaine

LES PLAISIRS DU DIMANCHE, — par DRANER

— Mille excuses, madame... je suis un peu myope.. je croyais lancer mon ballon

*Oft wurden die Zuschauer sehr direkt ins Spielgeschehen einbezogen.*

Titelbild mit dem Untertitel *„Les Plaisirs du Dimanche“ – „Sonntägliche Freuden“*

**DAS ZARTE GESCHLECHT**
Der Damenfußball wurde gegen Ende des 19. Jh.s beliebt. Die Spiele des *British Ladies' Club* zogen Scharen von Zuschauern an. Im 1. Weltkrieg traten Herren- gegen Damenmannschaften in Benefizspielen (Wohltätigkeitsspielen) gegeneinander an. Die erste WM der Frauen fand 1991 in China statt. Die USA gewannen im Endspiel gegen Norwegen.

FIFA Abzeichen

**GRÜNDUNG DER FIFA**
Die Fußballverbände einiger Länder, u.a. Frankreichs, Belgiens, Dänemarks, der Niederlande, Spaniens, Schwedens und der Schweiz, gründeten 1904 eine Vereinigung, die FIFA (*Fédération Internationale de Football Associations*). 1939 gehörten ihr bereits über 50 Länder an.

Batik aus Uganda

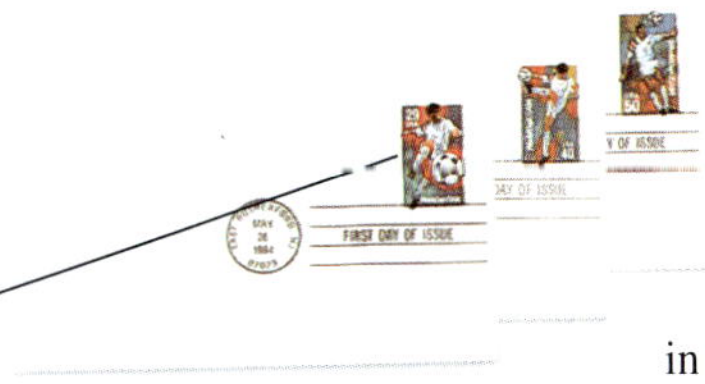


*Briefmarken mit Porträts von US-Spielern*

US-Sondermarken anlässlich der WM 1994

**AFRIKANISCHE SPIELE**
Die Begeisterung für den Fußball breitete sich von Norden und Süden her über den ganzen Kontinent aus. Die Weißen in Südafrika übernahmen den Fußball aus Europa. Als erstes afrikanisches Land trat Ägypten 1923 der FIFA bei.

**SOCCER**
Der bei uns übliche Fußball mit dem runden Leder ist in den USA als Jugendsport beliebt, bei Mädchen wie Jungen. Die 1994 in den USA stattfindende WM belebte auch das Interesse an „Soccer“ als Erwachsenensport. Doch schon 1930 schaffte es die US-Nationalmannschaft erstmals ins Halbfinale einer WM.

# Spielregeln

Zum Erfolg des Fußballs haben auch seine einfachen Regeln beigetragen. Die Vorschriften hinsichtlich Ausrüstung, Spielfeld, Fouls und Anstoß wurden seit 1863 kaum verändert. Der Spielfluss sollte möglichst nicht unterbrochen werden. Der Schiedsrichter kann Unterbrechungen durch Anwendung der Vorteilsregel vermeiden: Trotz eines Fouls wird das Spiel fortgesetzt, wenn die gefoulte Mannschaft in Ballbesitz bleibt. Spieler sind im Abseits, wenn sie sich bei der Ballabgabe näher beim Tor in der gegnerischen Hälfte befinden als die beiden letzten Spieler des Gegners. Sie sind nicht im Abseits, wenn der Ball von einem Spieler der gegnerischen Mannschaft oder vom Schiedsrichter („Schiedsrichterball") berührt wurde oder wenn sie den Ball durch einen Eckball oder einen Einwurf erhalten.

**HINTER DIE LINIE!**
Dieser Einwurf ist regelwidrig. Der Ball wird korrekt gehalten und der Spieler steht mit beiden Füßen auf dem Boden, hat aber die Linie übertreten.

*Früher bestanden die Tore nur aus zwei Pfosten und einem in 2,5 m Höhe über dem Boden gespannten Band; erst 1875 wurde die Querlatte eingeführt.*

*Der Strafstoßpunkt ist 11 m von der Torlinie entfernt.*

*Abstöße müssen aus dem 5,5 m tiefen Torraum ausgeführt werden.*

*Die Spieler dürfen vor dem Anstoß die Mittellinie nicht übertreten.*

**STRAFSTOSS**
Strafstöße wurden 1891 als Strafe für Fouls und Handspiel im Strafraum eingeführt. Ein Spieler schießt vom Elfmeterpunkt aus auf das nur vom Torwart verteidigte Tor. Prallt der Ball von Pfosten oder Latte ab, darf der Strafstoßschütze ihn nicht spielen, bevor ihn nicht ein anderer Spieler berührt hat.

**FREISTOSS**
Beim indirekten Freistoß, der nach einem Regelverstoß (z.B. Abseits) erteilt wird, muss ein zweiter Spieler den Ball berühren, damit ein Tor gewertet wird. Direkte Freistöße erfolgen nach Fouls; hier kann der Schütze direkt ein Tor erzielen. Die Spieler der Abwehr müssen beim Freistoß mindestens 9,15 m Abstand vom Ball halten.

**ECKSTOSS**
Er erfolgt, wenn die Abwehr den Ball über die eigene Torlinie geschossen hat. Eckstöße geben der angreifenden Mannschaft die Chance ein Tor zu schießen. Der Ball muss dafür in einem Viertelkreis mit einem Radius von 1 m bei der Eckfahne liegen. Durch einen Eckstoß kann direkt ein Tor erzielt werden.

**FOULS**
Für die Amateure des 19. Jh.s waren Fouls immer Unfälle. Sie würden sich sicher über absichtliche Fouls empören, die einen Angriff stoppen sollen. Hier bringt Dean Saunders, „Stürmer" von Sheffield United, Warren Barton von Newcastle im Halbfinale des FA Cups 1998 zu Fall.

*Bei einem Elfmeter darf sich nur der Strafstoßschütze innerhalb des Teilkreises befinden.*

**ANGRIFF!**
Beim FA Pokalendspiel 1958 zwischen Manchester United und Bolton Wanderers rempelte Boltons Mittelstürmer Nat Lofthouse Harry Gregg, den Torwart von United, als dieser den Ball auf der Torlinie fing; heute würden Schiedsrichter diesen Angriff als Foul ahnden.

*Spieler der abwehrenden Mannschaft dürfen den Mittelkreis beim Anstoß nicht betreten.*

*In ihrer Spielfeldhälfte können die Spieler nicht im Abseits stehen.*

*Bis 1902 war der Torraum halbkreisförmig. In diesem Jahr wurde der Strafraum eingeführt.*

*Der Torwart darf den Ball nur im Strafraum mit den Händen spielen.*

**BEGRENZUNGSLINIEN**
Bevor man Mitte des 19. Jh.s die dauerhaften Markierungslinien einführte, dienten Fähnchen als einzige Spielfeldmarkierung. Zum Schutz der Spieler ist für die Fahne eine Mindesthöhe von 1,5 m vorgeschrieben.

*Linienrichter beaufsichtigen Einwürfe und zeigen mit ihren Fahnen Abseitsverstöße an.*

**ORDNUNG MUSS SEIN**
17 Regeln bestimmen das Spiel. Das Spielfeld muss rechteckig und für internationale Spiele 100,5 bis 110 m lang und 64 bis 75 m breit sein. Jede Mannschaft besteht aus elf Spielern. Auswechselungen sind heute anders geregelt als früher; die Mannschaften können drei bis fünf Spieler (einschließlich des Torwarts) während Spielunterbrechungen einwechseln. Das Spiel dauert 90 Minuten und ist in zwei Halbzeiten eingeteilt.

*1891 meldete die englische Firma Brodies of Liverpool das Patent auf Tornetze an. Seit 1892 sind sie offiziell eingesetzt.*

# Der Schiedsrichter

Karikatur auf einer englischen Schnipp-schnapp-Karte (Anfang 20. Jh.)

Ein Fußballspiel wird von einem Schiedsrichter und zwei Assistenten geleitet. Der Schiedsrichter überwacht die Einhaltung der Regeln, nimmt die Zeit und notiert besondere Vorkommnisse. Das war nicht immer so. Anfangs brachte jede Mannschaft ihren eigenen Schiedsrichter mit. Diese Richter liefen jedoch nicht mit übers Spielfeld, sondern standen an der Seitenlinie. Später wurde ein Schiedsrichter bestimmt, der Streitigkeiten zwischen diesen „Linien-Richtern" schlichtete. Die Spieler gaben Zeichen, wenn sie ihn hinzuziehen wollten. Etwa ab 1890 lief der Schiedsrichter auf dem Spielfeld mit, ab 1891 wurden die beiden anderen Richter offiziell zu Linienrichtern erklärt. Dieses Systen gilt heute noch.

**DU BIST DRAN!**
Zu den Pflichten der Linienrichter (Schiedsrichterassistenten) gehört es u.a., Auswechselspieler daraufhin zu überprüfen, ob sie korrekt gekleidet sind. Bei Profispielen bedient ein dritter Assistent eine beleuchtete Tafel, auf der die Nummer der Auswechselspieler und die Nachspielzeiten angebeben werden.

**KLASSISCHES SCHWARZ**
Zwischen den 1940er- Jahren und den 1990er-Jahren trugen Schiedsrichter (rechts um 1970) Schwarz mit weißen Manschetten und Kragen. Um 1940 hatten Hemden die schweren Jacken abgelöst, damit die Schiedsrichter mit den Spielern mithalten konnten. In neuerer Zeit tragen auch Schiedsrichter einen bunten Dress.

*Weiße Besätze kontrastieren mit dem schwarzen Anzug.*

*Abzeichen des Vereins dem der Schiedsrichter angehört.*

*Schiedsrichter sollten tadellos gekleidet sein; das Hemd wird in die Hose gesteckt.*

*Block zum Notieren von Verwarnungen, Toren, Platzverweisen und Auswechselungen*

*Die gelbe Karte wird bei Verwarnungen gezeigt.*

*Schwere Fouls werden mit roter Karte und Platzverweis bestraft.*

Trillerpfeife (um 1940)

Die beiden Seiten einer FIFA-Münze

**DAS WERKZEUG**
Ebenso wie die Sportler ist auch der Schiedsrichter auf seine Ausrüstung angewiesen. Zu ihr gehören gelbe und rote Karte – allerdings erst seit den 1970ern. Die Trillerpfeife wurde vermutlich erstmals 1878 eingesetzt und bald allgemein übernommen. Heute sind unterschiedliche Pfeifentypen im Gebrauch. Mit Bleistift und Notizblock hält der Schiedsrichter wichtige Ereignisse fest. Zu Beginn des Spiels wirft er eine besondere Münze, um zu entscheiden, welche Mannschaft Anstoß und welche Seitenwahl hat.

## VERWARNUNGEN

Verwarnungen wurden früher nur ein- oder zweimal je Spiel gegeben und Platzverweise waren sehr selten. Inzwischen verlangt die FIFA vom Schiedsrichter mehr Strenge. Deshalb sind manchmal auf jeder Seite nur noch zehn oder weniger Spieler auf dem Feld.

*Erhält ein Spieler im Verlauf eines Spieles eine zweite gelbe Karte, bekommt er gleichzeitig auch die rote Karte gezeigt (gelb-rote Karte).*

*Die roten und gelben Karten stecken in der Brusttasche.*

*Der Schiedsrichter misst die Spielzeit mit einer Uhr.*

*Schiedsrichter müssen durchtrainiert sein, damit sie das ganze Spiel über mitlaufen können.*

UdSSR · Australien · Neuseeland · Bangladesch · Island · Portugal · USA · Kolumbien · Italien

## SCHIEDSRICHTER VON WELTKLASSE

Oben sind die Abzeichen einiger nationaler Schiedsrichter-Verbände abgebildet. Schiedsrichter haben es nicht leicht. Die Aussicht, eines Tages bei einem wichtigen Länderspiel dabei zu sein, wiegt jedoch vieles auf. Bei einer WM sind Funktionäre aller Mitgliedsländer der FIFA zugegen.

Offizielle FIFA-Abzeichen für Linienrichter

Abzeichen für Linienrichterinnen

## HILFE VON DEN SEITENLINIEN

Die ersten Linienrichter gaben dem Schiedsrichter mit ihrem Taschentuch Zeichen. Heute haben sie dazu eine Fahne. Mit ihr zeigen sie Abseitsstellungen, Ausbälle und Regelwidrigkeiten auf dem Spielfeld an.

*Die ersten Schiedsrichter trugen Knickerbocker.*

*Das Jackett hatte Taschen für Notizblock und Stoppuhr.*

## SCHIEDSRICHTER WERDEN

Diese Abbildung zierte den Umschlag einer englischen Anleitung für Schiedsrichter aus dem Jahre 1906. Der Herr im Vordergrund trägt die charakteristische Bekleidung. Nach Bestehen einer Prüfung beginnt man als Schiedsrichter bei Amateurspielen. Durch Fortbildungen und das Sammeln praktischer Erfahrung kann man sich für Länder- und Profispiele qualifizieren und gut bezahlter Profi-Schiedsrichter werden.

Auf diesem Bild von Samuel Brandão wird in Rio de Janeiro Fußball auf einem roten Lehmplatz gespielt.

# Der Fußballplatz

Zu Beginn einer neuen Spielsaison freuen sich die Fußballer auf das erste Spiel auf einem glatten, grünen Rasen. Wenn der Platz nicht gepflegt wird, wird er schnell schlammig und uneben, besonders bei kaltem, nassem Wetter. Mithilfe von besonderen Grassorten und einer guten Drainage bemühen sich die Vereine den Rasen in Schuss zu halten. In einigen Ländern Nordeuropas legt man im Winter eine Spielpause ein. Reiche Vereine können für jedes Spiel einen neuen Rasen legen lassen und besitzen eine Rasenheizung, während sich Millionen von Amateurspielern mit matschigen oder vereisten Plätzen arrangieren müssen.

*Beim Rasenmähen lassen sich Muster auf den Platz „zeichnen“.*

**STREETBALL**
Früher, als auf den Straßen weniger Autos fuhren, konnten die Kinder dort noch Fußball spielen. Sie übten Ballbeherrschung und Dribbeln. Torbögen oder Kleiderstücke markierten die Tore.

Jean-Pierre Papin spielt hier für den AC-Mailand auf schneebedecktem Feld.

Vorbereitung des Spielfelds in einem englischen Stadion (1953)

**SCHNEEBALL**
Bei Schnee sind die Linienmarkierungen und der weiße Ball schlecht zu erkennen und der Boden ist rutschig. Trotzdem werden die Spiele meist angepfiffen – sobald die Linien abgefegt sind. Meist spielt man dann mit einem orangefarbenen Ball.

**FROSTSCHUTZ**
In Ländern, in denen es während der Saison kalt ist, hat man schon vieles ausprobiert, um das Gefrieren des Spielfeldes zu verhindern. Im englischen Everton installierte man 1958 eine unterirdische Heizung. Manche Spielfelder wurden mit Stroh abgedeckt, auf andere stellte man Kohlebecken. Heute deckt man den Platz oft mit einer Plane ab.

**GEFÄLLE UND SCHATTEN**
Moderne Spielfelder sind gewölbt, sodass der Anspielpunkt höher liegt als die Seitenlinien. Dadurch fließt Wasser besser ab. Große Tribünen lassen weniger Licht und Luft an den Rasen und hemmen sein Wachstum. Bei einigen Stadien, wie z.B. San Siro in Mailand/Italien, wurde das zu einem ernsten Problem.

**VERWÖHNTES GRAS**
Die Rasenpflege macht viel Arbeit. Im Sommer wird das Gras gemäht, bewässert und regelmäßig gedüngt. Im Winter muss das Spielfeld während der Saison immer wieder ausgebessert werden; Löcher werden aufgefüllt, Linien nachgezogen. Eigens gezüchtete Grassorten können auch im Schatten der Tribünen wachsen.

Kunstrasen, von der Seite, von oben und von unten

Querschnitt durch ein Spielfeld (Modell)

**BESSER ALS ECHTES GRAS?**
Kunstrasen wird über einer stoßdämpfenden Unterlage ausgelegt und ist widerstandsfähiger als Naturrasen. Platzregen oder Frost können ihm nichts anhaben. Die Vereine können deshalb Spielfelder dieser Art auch für Popkonzerte und andere Veranstaltungen vermieten und müssen nie ein Spiel wegen schlechter Bodenverhältnisse absagen. Viele Spieler lehnen Kunstrasen jedoch ab, weil er die Verletzungsgefahr erhöht.

**ZU NASS?**
Regenwasser stellt für den Platz eine Gefahr dar. Deshalb ist eine gute Drainage sehr wichtig. Die Rohre, Sand-, Kies- und Steinschichten werden unter dem Rasen verlegt. In den Humusboden wird viel Sand gemischt, damit er weniger Feuchtigkeit aufnimmt und sich das Wasser nicht staut. Aber auch ein gut dränierter Platz kann sich mit Wasser voll saugen. Dann helfen nur noch Heißluftgebläse.

# Spieltechnik

Kopfball (Abbildung vom Anfang des 20. Jh.s )

Im Spiel hat jeder Fußballer bestimmte Aufgaben. Die Verteidiger greifen die gegnerischen Spieler an und nehmen ihnen den Ball ab, die Mittelfeldspieler spielen den Ball ihren Teamkollegen zu und die Stürmer schießen die Tore. Zwar haben sich die meisten Spieler auf eine bestimmte Position spezialisiert, dennoch muss ein Feldspieler eine ganze Reihe von grundlegenden Fertigkeiten beherrschen und gezielt daran arbeiten seine Schwächen abzustellen. Das Trainieren von Geschicklichkeit und Technik gehört zur täglichen Routine.

**BALL-KONTROLLE**
Sehr begabte Spieler, wie z.B. Roberto Carlos aus Brasilien, sind wahre Ballkünstler, die den Ball mit ihren Füßen anzuschneiden, zu zirkeln oder bogenförmig zu schießen verstehen. Die perfekte Kontrolle des Balls erlaubt ihnen Pässe an Verteidigern vorbeizuschlagen und Freistöße von Punkten außerhalb des Strafraums ins Tor zu befördern.

Lilian Thuram

**TACKLING**
Durch Tackling versuchen die Spieler dem Gegner den Ball abzunehmen. Lilian Thuram, der für Frankreich und hier im Trikot von Parma spielt, verfügt über perfektes Timing und große Präzision; daher kann er Fouls vermeiden. Schiedsrichter bestrafen Spieler, die ihren Gegner von hinten angreifen oder den Gegner anstatt des Balls berühren.

*Mit Rufen und Gesten kündigen die Spieler ihren Pass an.*

*Alle Teile des Fußes werden eingesetzt, um dem Ball die gewünschte Richtung zu geben.*

*Direkte Pässe sind nur sehr schwer abzuwehren.*

*Optimale Möglichkeiten haben Spieler, die den Ball mit beiden Füßen passen können.*

**PÄSSE**
Den Ball von einem Spieler zum anderen weiterzugeben ist die schnellste Art ihn über das Spielfeld zu befördern. Präzise Pässe sind das Kennzeichen erfolgreicher Teams. Zinedine Zidane war als Spieler Frankreichs der Star im WM-Finale 1998. Auch auf engstem Raum kann er seine Stürmer mit präzisen Pässen versorgen.

*Der Verteidiger versucht in jedem Fall dem Stürmer den Ball abzunehmen.*

*Ein gut getimter Absprung hilft den Ball richtig zu treffen.*

Oliver Bierhoff

**KOPFBALL**
Kopfstöße erfolgen zur Verteidigung und als Angriff. Abwehrspieler versuchen den hoch fliegenden Ball aus dem Torbereich zu köpfen. Stürmer müssen sehr präzise und kraftvoll gegen den Ball springen, um ein Tor zu erzielen. Oliver Bierhoff, Spieler u.a. für Mailand und Deutschland, beherrschte diese Kunst.

*Durch Zurücklehnen beim Schuss wird die Flugbahn des Balles nach oben gelenkt.*

**SCHUSS UND TOR!**
Damit der Ball ins Netz geht, müssen sowohl der Winkel des Schusses als auch die Kraft, mit der dieser ausgeführt wird, stimmen. Wenn Gabriel Batistuta aus Argentinien frei zum Schuss kommt, hat der Torwart kaum eine Chance.



*Kopfbewegungen vermeiden erhöht die Präzision.*

*Liegt der Körperschwerpunkt über dem Ball, kann man kräftiger schießen.*

*Ausgebreitete Arme halten das Gleichgewicht.*

**AUS DER ECKE**
Flanken und andere Pässe von den Flügeln her führen häufiger zu Toren als Angriffe von anderen Punkten. Spieler, die den Ball genau und im richtigen Tempo zuspielen können, sind sehr wertvoll für eine Mannschaft. David Beckham, Spieler von England und Real Madrid, Spanien, ist berühmt für seine vom rechten Flügel kommenden Pässe. Er zirkelt den Ball um die Verteidiger herum und vom Torwart weg. Angeschnittene Pässe dieser Art werden meist bei Eckbällen an die Stürmer weitergegeben.

*Das linke Bein steht fest am Boden und gibt dem Körper Halt für den Querpass.*

*Der Fuß dreht sich beim Schuss nach innen, um den Ball im Bogen weiterzugeben.*

*Der Spieler täuscht die Bewegung in eine Richtung vor – und läuft in die andere.*

**ASPHALT-DRIBBLER**
Laufen und den Ball am Fuß behalten nennt man Dribbeln. Der brasilianische Ballvirtuose Ronaldo hat das Fußballspielen auf den Straßen von Rio de Janeiro erlernt. Ein Dribbler, der sich wie er konzentriert und geschickt mit dem Ball bewegt, kann schnell die Richtung wechseln und die Abwehr überlisten.

*Der Schuss beim Fallrückzieher ist umso härter, wenn der Spieler sich quer zum Ball befindet.*

**FALLRÜCKZIEHER**
Erfunden wurde dieser Schuss in den 1930er-Jahren von dem brasilianischen Stürmer Leonidas da Silva. Technisch ist er sehr schwierig. Mit dem Rücken zum Tor wirft der Stürmer seine Beine hoch, trifft gegen den Ball und lässt sich nach hinten fallen. Für den Torwart kommt der Ball oft überraschend. Der italienische Stürmer Roberto Baggio führt hier die dafür ideale Körperhaltung vor.

*Durch Hochspringen verhindert der Spieler, dass der Ball über die Latte fliegt.*

# Der Torwart

Abbildung eines mit der Faust abwehrenden Torwarts auf einer Streichholzdose

Als wichtigster Verteidiger weiß der Torwart sehr wohl, dass ein einziger Fehler seine Mannschaft den Sieg kosten kann. Er steht im wahrsten Sinne des Wortes auf eigenem Posten. Er muss andere Techniken beherrschen als Feldspieler und ist immer wieder ohne Beschäftigung. Eine zusätzliche Erschwernis brachte die Änderung der Rückpassregel, nach der der Tormann einen von einem Mitspieler zurückgespielten Ball nicht aufnehmen darf. Weil Torwarte sowohl Kraft als auch Geschicklichkeit brauchen, müssen sie ebenso hart trainieren wie ihre Kameraden; dafür kann ihre Fußballkarriere wesentlich länger dauern als die der Feldspieler.

## Spielkleidung

Bis 1909 unterschieden sich Towarte nur durch die Kappe von den anderen Spielern ihrer Mannschaft, sodass der Schiedsrichter manchmal kaum erkennen konnte, wer im Torraum gerade den Ball in die Hand nahm. Ab 1909 bis Anfang der 1990er trugen Torwarte ein einfarbiges buntes Trikot in einer anderen Farbe als die Mannschaft. Das Verbot, kurze Ärmel zu tragen, gilt heute nicht mehr.

**GUT GEHALTEN**
Dieses Bild auf dem Umschlag eines Comics zeigt die angeblich einfachste Abwehrtechnik: Der Torwart fängt den Ball mit dem eigenen Körper ab. Dem Mann im Tor wird einiges abverlangt, z.B. wenn er durch die Luft hechtet, um den Ball abzulenken. Inzwischen versuchen die Stürmer immer häufiger den Ball anzuschneiden. Entscheidend für den Erfolg des Torwarts ist deshalb sein Stellungsspiel, d.h. zur rechten Zeit an der richtigen Stelle zu sein.

**FANG IHN!**
Viele Torhüter versuchen den Ball mit der Faust abzuwehren. Der Torwart auf dieser Umschlagillustration von 1900 tut es auch; er sollte ihn jedoch lieber mit den Händen fangen, da zwischen ihm und den Angreifern genug Raum ist. Heute lassen die Schiedsrichter nur selten zu, dass der Torwart attackiert wird, während er versucht den Ball zu fangen.

*Der Ball sollte zur Seite gefaust tet werden.*

*Kleeblätter sind das Symbol Irlands.*

**IRISCHES TRIKOT**
Als Torwart der irischen Nationalelf trug Alan Kelly dieses Trikot. Er war bei 47 Spielen dabei; das erste war 1957 gegen die BRD und das letzte 1973 gegen Norwegen. Damals trugen die meisten Torhüter gelbe Trikots. Der Mann im irischen Tor konnte nicht grün tragen, weil die Trikots der Mannschaft einen grünen Streifen hatten.

**DIE FARBEN DES TORWARTS**
Die traditionellen Muster von Fußballtrikots waren Streifen und Ringe; seit die Vorschriften für Torwartkleidung nicht mehr so streng sind, wurden die verschiedensten Kombinationen ausprobiert. Nicht alle waren geeignet, wenngleich fluoreszierende Farben für die Verteidiger gut zu sehen sind.

*Biegsame Plastikglieder stützen die Finger.*

*Moderne Handschuhe schützen die Hände vor Verletzungen.*

**HANDSCHUHE**
Bis in die 1970er trugen Torhüter nur bei nassem Wetter Handschuhe aus dünner Baumwolle. Heute gibt es für sie Handschuhe in allen Variationen. Verschiedene Überzüge und Polster machen die Handschuhe griffiger.

**VERKÜRZEN DES SCHUSSWINKELS**
Die Abbildung aus den 1930er-Jahren zeigt einen Torwart, der auf den Ball wartet. Wenn sich ein gegnerischer Spieler mit dem Ball dem Tor nähert, sollte der Torwart die Torlinie verlassen und sich auf den Ball zu bewegen, um das Angriffsfeld zu verkleinern. Dieses „Verkürzen des Schusswinkels" gehört zu den wichtigsten Techniken eines Torwarts.

*Viele Torhüter tragen eine Kappe, um nicht geblendet zu werden.*

*Die ausgebreiteten Arme sind bereit den Ball abzuwehren.*

**ABWURF**
Die Abbildung zeigt eine typische Handbewegung des Torwarts. Ein schneller Abwurf kann, besonders nach einem Eckball, einen Angriff auf das gegnerische Tor einleiten. manche Torwarte sind berühmt für ihre weiten Abwürfe.

**ABSTOSS**
Wenn der Ball von einem gegnerischen Spieler über die Torauslinie befördert wird, erhält die andere Seite einen Abstoß. Von einem beliebigen Punkt im Torraum schießt der Torwart oder ein Feldspieler den Ball ins Spiel. Die Lederbälle früherer Zeit waren vor allem in nassem Zustand sehr schwer und erreichten selten die gegnerische Hälfte.

**LAUT UND DEUTLICH**
Der Däne Peter Schmeichel ist für seine Reaktionen auf die Fehler seiner Kameraden bekannt. Hier schreit er Roy Keane bei einem Spiel von Manchester United an. Derartige Ausbrüche gefährden die Stimmung im Team; Kontakt zwischen Torwart und Spielern ist jedoch immer wichtig, z.B. beim Aufstellen der Mannschaft vor Freistößen.

Alter arabischer Druck mit Mannschaftsaufstellung

# Spieltaktik

Das taktische Element spielt im Fußball eine große Rolle. Trainer und Manager halten ihre Strategien bis zum Beginn des Spiels geheim. Seit es Fußball gibt, überlegen sich die Mannschaften besondere Formationen, um die Stärken der einzelnen Spieler optimal zu nutzen. Früher brauchte jeder Spieler nur die für seine Position erforderlichen Fähigkeiten zu besitzen. Heute sind die Spiele wesentlich schneller und jeder Spieler muss in nahezu jeder Stellung Hervorragendes leisten können – wie es bei den niederländischen „totalen“ Fußballmannschaften der 1970er der Fall war.

*Ein Innenverteidiger verteidigte und griff an.*

2-3-5-System (links)

*Ein Innenverteidiger verteidigte nur.*

WM-Formation (rechts)

*Frankreich gewann die WM 1998 mit vier Verteidigern.*

*Die Flügelspieler wurden durch Mittelfeldspieler ersetzt, die auch abwehrten.*

4-4-2-System (rechts)

*Ein Stürmer lässt sich oft etwas zurückfallen.*

*Außenverteidiger machen den Raum für den Angriff frei.*

*Der Libero muss kreativ und präzise spielen.*

Liberosystem (links)

**GUT PLATZIERT** ***oben***
Das 2-3-5-System war bis 1930 die bevorzugte Taktik. Position und Funktion jedes Spielers waren festgelegt. H. Chapman von Arsenal London führte als erster Trainer eine radikale Änderung ein, indem er Verteidiger und Stürmer zum WM-System aufstellte.

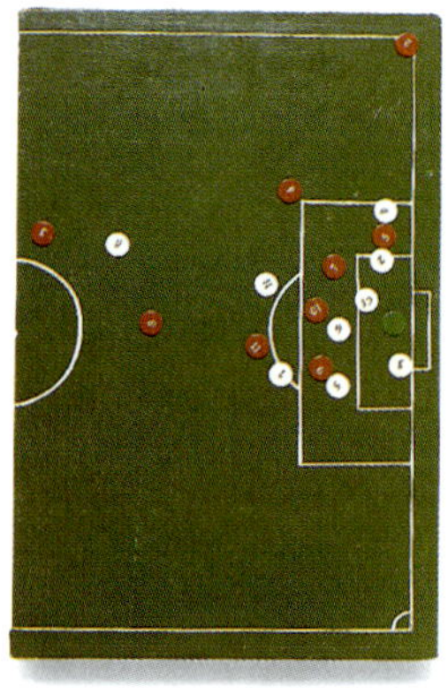

**SPIELPLAN** ***oben***
Anhand eines Spielbretts erklären die Trainer vor dem Spiel die geplante Strategie. Dabei geht es um die Abwehr und um die Positionen der Spieler in bestimmten Spielphasen, z.B. bei Eckbällen und Freistößen.

**„FREIER“ MANN**
Das 4-4-2-System ist heute sehr beliebt. Die vier Verteidiger bleiben in Tornähe, die vier Mittelfeldspieler bilden gelegentlich eine Raute. Nach italienischen Vorbildern aus den 1960er-Jahren bleibt ein Spieler ohne Gegenspieler und kann abwehren oder sich in den Angriff einschalten.

Der Stürmer kann nicht „Mann gegen Mann“ gegen den Torwart spielen.

## DIE ALTE ABSEITSREGEL

Die erste Abseitsregel von 1866 verlangte, dass bei der Ballabgabe drei Spieler der Abwehr – einschließlich des Torwarts – zwischen dem Angreifer und dem Tor sein mussten. In der Folge wurden immer weniger Tore gezählt, weil die Angreifer immer noch den letzten Außenverteidiger überwinden mussten.

## DIE NEUE ABSEITSREGEL

1925 änderte die FIFA die Regel: Zwischen Angreifer und Tor mussten sich nur noch zwei Abwehrspieler (einschließlich des Torwarts) befinden. Die seit 1990 gültige Abseitsregel ist im Glossar ausführlich erklärt.

Spieler im Abseits

## ABSEITSFALLE

Mannschaften ohne Libero, wie Norwegen unter Egil Olsen, können trotzdem die Abseitsfalle anwenden: Der Mittelfeldspieler bereitet sich darauf vor, den Ball nach vorne zu passen; jetzt bewegt sich die Abwehr in einer Linie auf dem Feld vorwärts, sodass der Stürmer im Augenblick der Ballabgabe im Abseits steht.

## MASSIVE ABWEHR

Den gegnerischen Stürmern keinen Raum lassen und einzelne Spieler in „Manndeckung“ zu bewachen gehört zu den grundlegenden Defensivtaktiken. Es heißt oft, dass die besten Mannschaften auf eine gute Abwehr aufbauen. Hier lassen drei Abehrspieler dem Stürmer keine Chance.

Der Angreifer ist in die Zange genommen.

Die Abwehrspieler haben den Angreifer eingekreist.

## KEIN ERSATZ

Die FIFA genehmigte erstmals 1923 das Auswechseln von verletzten Spielern. Daraufhin täuschten Spieler eine Zeit lang Verletzungen vor, um dem Trainer taktische Wechsel zu ermöglichen, bis das Austauschen auch offiziell genehmigt wurde. Heute können bis zu fünf Auswechselungen erlaubt sein.

## ALLZEIT BEREIT!

Javier Zanettis Tor für Argentinien im Spiel gegen England (WM 1998 in Frankreich) bewies, dass es sich lohnt, bestimmte Strategien immer und immer wieder einzustudieren. Viele Tore sind das Ergebnis der beim Training eingeübten Spielzüge.

Fußballerkarikatur auf einer englischen Spielkarte

# Verletzungen

Der Alltag professioneller Fußballer besteht nicht nur aus wichtigen Spielen. Fitnessübungen, Mannschaftstraining und das Auskurieren von Sportverletzungen gehören ebenfalls zur Routine. Dank des Fortschritts in der Medizin können Verletzungen wie etwa Bänderrisse, die früher unweigerlich das Ende einer Karriere zur Folge hatten, heute erfolgreich behandelt werden. Die Spiele sind sehr schnell geworden; ein Spieler muss topfit sein, um sich zu behaupten. Mit Physiotherapie, richtiger Ernährung und sogar Psychologie halten die großen Clubs ihre Mannschaften in Form.

**KAMPFGESTÄHLT**
Jahrzehntelang spielten Medizinbälle wie dieser im Fußballertraining eine „gewichtige" Rolle. Das Spiel mit ihnen förderte den Muskelaufbau und die Ausdauer. Heute werden dafür ausgeklügelte Geräte, Trainingsprogramme und Kraftmaschinen eingesetzt. Kraft und Kondition sind wichtiger denn je: Profis treten in einer Saison bei bis zu 70 Spielen an. Die Größen des Fußballs sind nicht nur „Kicker", sondern Athleten – im klassischen Sinne des Wortes.

**DURCHTRAINIERT**
Unter der Leitung des Trainers Vittorio Pozzo errang die italienische Mannschaft 1934 und 1938 zwei WM-Siege. Er erkannte die Bedeutung der körperlichen Fitness für das Spiel und ließ seine Männer hart trainieren. Dies zahlte sich u.a. bei der Verlängerung im WM-Finale von 1934 aus, als Italien das entscheidende Tor schoss.

**AUFWÄRMEN UND ABKÜHLEN**
Ein durchdachter Trainingsplan trägt erheblich zur Verlängerung der Spielerkarriere bei. Wie wichtig das Aufwärmtraining ist, ist allgemein bekannt; bei gelockerten, warmen Muskeln kommt es weitaus seltener zu Rissen und Zerrungen. Viele Mannschaften führen nach dem Spiel ein richtiges „Abkühltraining" durch, das der Muskelentspannung dient.

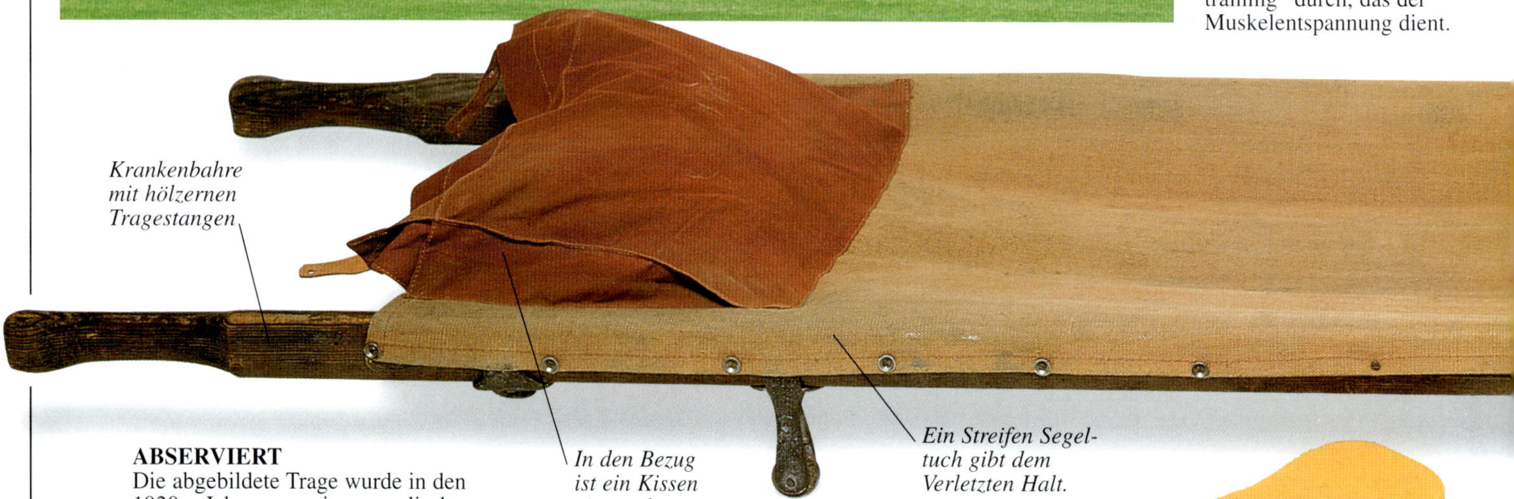


**ABSERVIERT**
Die abgebildete Trage wurde in den 1920er-Jahren von einem englischen Club verwendet. Wenn damals die Bahre auf den Rasen getragen wurde, wussten die Zuschauer, dass sich jemand ernsthaft verletzt hatte. Heute sind die Sanitäter schnell zur Stelle. Wenn die Spieler nicht schwer verletzt sind und sich rasch erholen, können sie auch wieder am Spiel teilnehmen. In den USA verwendet man für den Abtransport von Verletzten motorisierte Wagen.

**ZAUBERSCHWAMM**
Schwamm und kaltes Wasser spielen beim Fußball eine große Rolle. Manch ein Sportler war nach einer „kalten Abreibung" schnell wieder fit. Meist ist es heute der Physiotherapeut, nicht der Trainer, der kleinere Unfälle auf dem Spielfeld behandelt. Er ist dafür ausgebildet, die Erstversorgung der gängigen Sportverletzungen zu gewährleisten.

*Auch heute noch findet der Schwamm Verwendung.*

**TAPFER BIS ZUM ABPFIFF**
Verletzte Spieler werden ausgewechselt, damit sie sich erholen können. Manche Sportler aber nehmen trotz noch nicht ausgeheilter Verletzungen an wichtigen Begegnungen teil. Beim Spiel England gegen Polen (1993) trug Paul Gascoigne eine Maske, die seinen Jochbeinbruch fixierte. Im Finalspiel der WM 1978 war eine Hand von René van der Kerkhof eingegipst.

**SCHNELL, EINEN ARZT!**
Bei einem Spiel der WM 1994 erlitt der nigerianische Spieler Daniel Amokachi eine Sehnenverletzung. Die Beine sind bei Fußballern immer stark gefährdet. Schäden an Muskeln und Sehnen können drei- bis vierwöchige Ausfälle zur Folge haben.

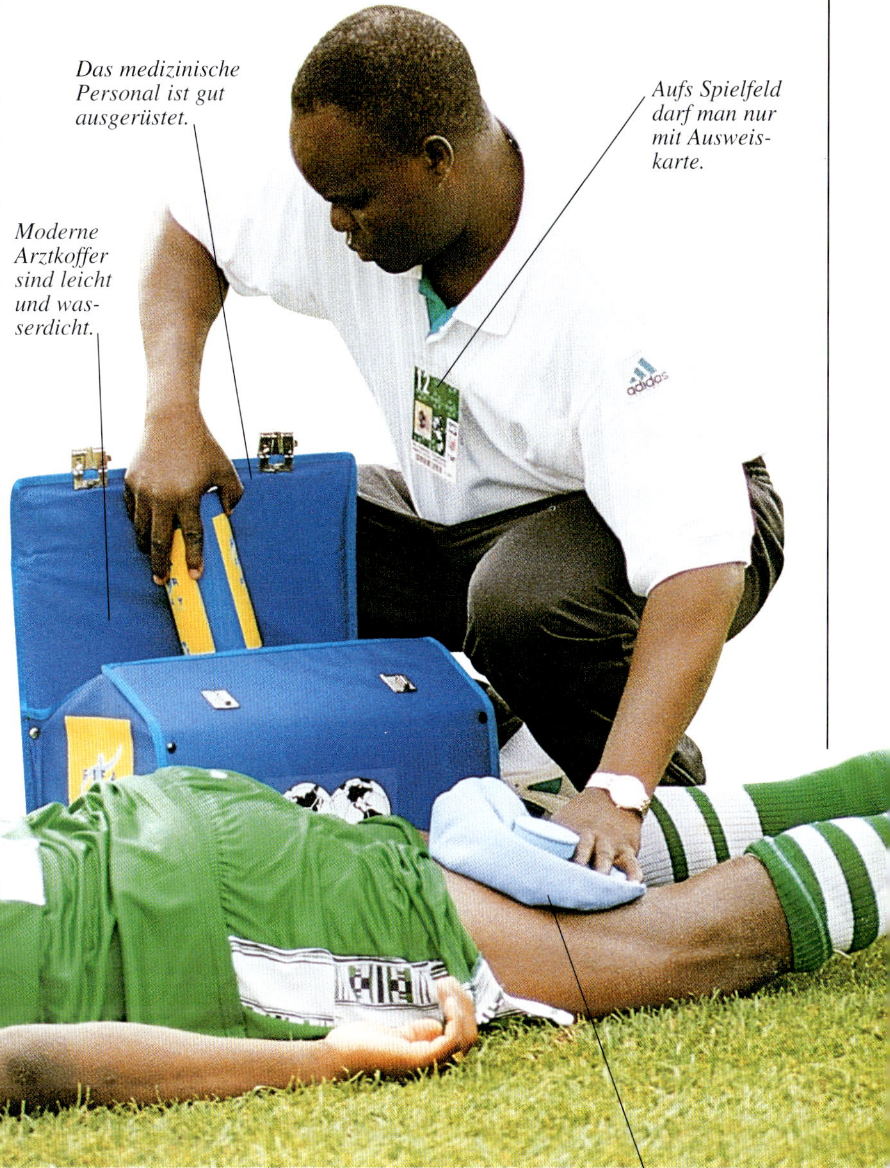

*Das medizinische Personal ist gut ausgerüstet.*

*Aufs Spielfeld darf man nur mit Ausweiskarte.*

*Moderne Arztkoffer sind leicht und wasserdicht.*

*Risse und Prellungen werden sofort mit Eis gekühlt.*

*Arztkoffer aus Leder*

*Zur Erste-Hilfe-Ausrüstung gehörte auch Chloroform zur Betäubung Schwerverletzter.*

**TINKTUREN UND PILLEN**
Der Arztkoffer links (Anfang 20. Jh.) gehörte dem englischen Verein Ramsgate FC. In den Flaschen befanden sich verschiedene Mittel, die durchblutungsfördernd, desinfizierend oder schmerzlindernd wirkten. In vielen Ländern muss bei Spielen von Profi-Clubs ein Arzt zugegen sein, der Kopfverletzungen und Brüche an Ort und Stelle versorgt.

# Fußbälle

Reisetintenfass aus Messing in Form eines Fußballs (um 1890)

Der besondere Reiz des Spiels liegt darin, dass man zum Fußballspielen keine umfangreiche Ausrüstung benötigt. Kinder wissen, dass schon eine Blechdose, ein paar zusammengeknotete Lumpen oder ein beliebiger Ball genügen. Die ersten Bälle, mit denen vor hunderten von Jahren gespielt wurde, bestanden aus einer aufgeblasenen Tierblase. Weil diese Blasen leicht platzten, nähte man sie in eine schützende Hülle aus Tierhäuten ein, die man zuvor zu Leder gegerbt hatte und dann mit einem Wasser abweisenden Stoff behandelte. Nach diesem Prinzip sind auch die modernen Fußbälle gestaltet, jedoch wird für die Hülle statt Leder ein strapazierfähiges, synthetisches Material verwendet.

**SCHWERER BRUMMER**
In den 1870er-Jahren nähte man die Bälle aus acht Ledersegmenten zusammen; oben und unten wurde ein rundes Lederstück aufgesteppt. Sie waren schwer und konnten nicht weit geschossen werden. Bei Regen sog sich das Leder voll und der Ball wurde noch schwerer. Mit diesem Ball konnten Kopfstöße lebensgefährlich sein – und wurden deshalb nicht oft ausgeführt. Dafür eignete sich der Ball gut zum Dribbeln.

Werkzeug zum Schnüren des Balls

**MASSARBEIT**
Bei dem Länderspiel zwischen Wales und England in Wrexham/Wales 1912 wurde mit diesem Ball gespielt; England gewann 2:0. Er besteht aus einer Schweinsblase und einer Hülle aus Rindsleder. Die Öffnung der Hülle ist verschnürt. Bälle dieser Art wurden im 20. Jh. lange Zeit verwendet. Größe und Gewicht der Bälle waren bereits seit 1866 genormt, aber bei nassem Wetter sogen sie sich voll, wurden schwerer und verformten sich.

*Mit Schablonen wurden ab 1900 die Namen der Hersteller aufgemalt.*

*Die Verschnürung der Ballhülle stand leicht über.*

*Ineinander greifende Lederstücke*

Kupferschablone

*Mit Schablone aufgemalter Markenname*

**KOPFZERBRECHEN**
Bälle wie dieser wurden bei den Endspielen der WM 1966 in England verwendet. Wie man sehen kann, war an dem Ball seit 1912 kaum ewas verändert worden. Die Lederhülle wurde ab den 1940er-Jahren innen gefüttert, um die Haltbarkeit zu verlängern. Außen war das Leder mit einem leicht Wasser abstoßenden Pigment versiegelt. Die Hersteller hatten noch keine Alternative zum Schnüren entwickelt, sodass der Ball bei Kopfbällen weiterhin eine Gefahr für die Spieler darstellte.

*Ball in den französischen Nationalfarben*

**DIE FARBEN DER WM**
Die ersten WM-Bälle, die nicht schwarzweiß waren, wurden beim Finale in Frankreich 1998 eingesetzt. Sie hatten einen glänzenden, wasserdichten synthetischen Überzug. Zwischen diesem und der Gummiblase im Inneren war eine Schicht Schaumgummi. Der Ball ließ sich in jeder Hinsicht gut spielen. Wie 75% der heute benutzten Bälle wurde er in der pakistanischen Provinz Sialkot hergestellt.

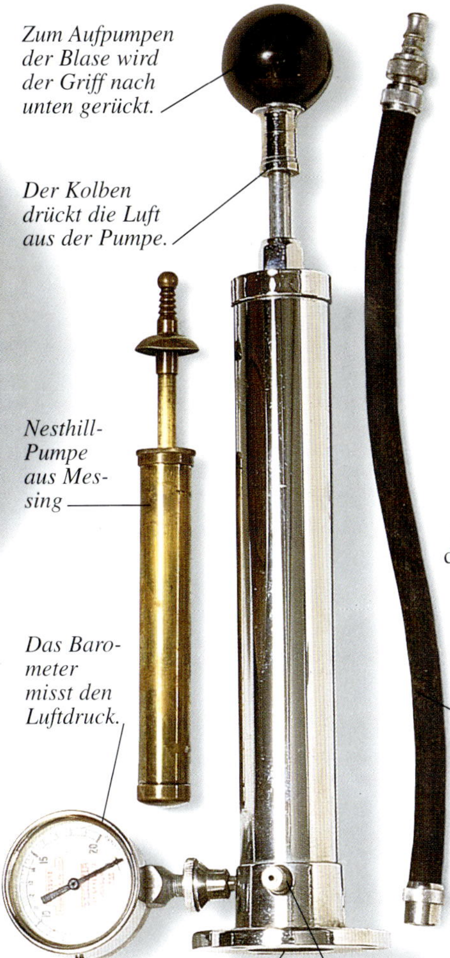

*Zum Aufpumpen der Blase wird der Griff nach unten gerückt.*

*Der Kolben drückt die Luft aus der Pumpe.*

*Nesthill-Pumpe aus Messing*

*Das Barometer misst den Luftdruck.*

*Die Pumpe wird aufrecht stehend benutzt.*

*Druckventil*

Pumpe aus dem Katalog eines Ausstatters (1893)

*Dieser Schlauch verbindet die Pumpe mit dem Ballventil.*

*Kleber*

*Flicken mit Pfropf für das Loch*

*Ersatzventil*

*Metallhaken*

**FLICKARBEIT**
Mit diesem Flickzeug (rechts) kann man einen Vinylball aus den 1970er-Jahren reparieren. Der Metallhaken wird erhitzt und in das Loch gesteckt, um es zu erweitern; dann wird ein Flicken eingeklebt.

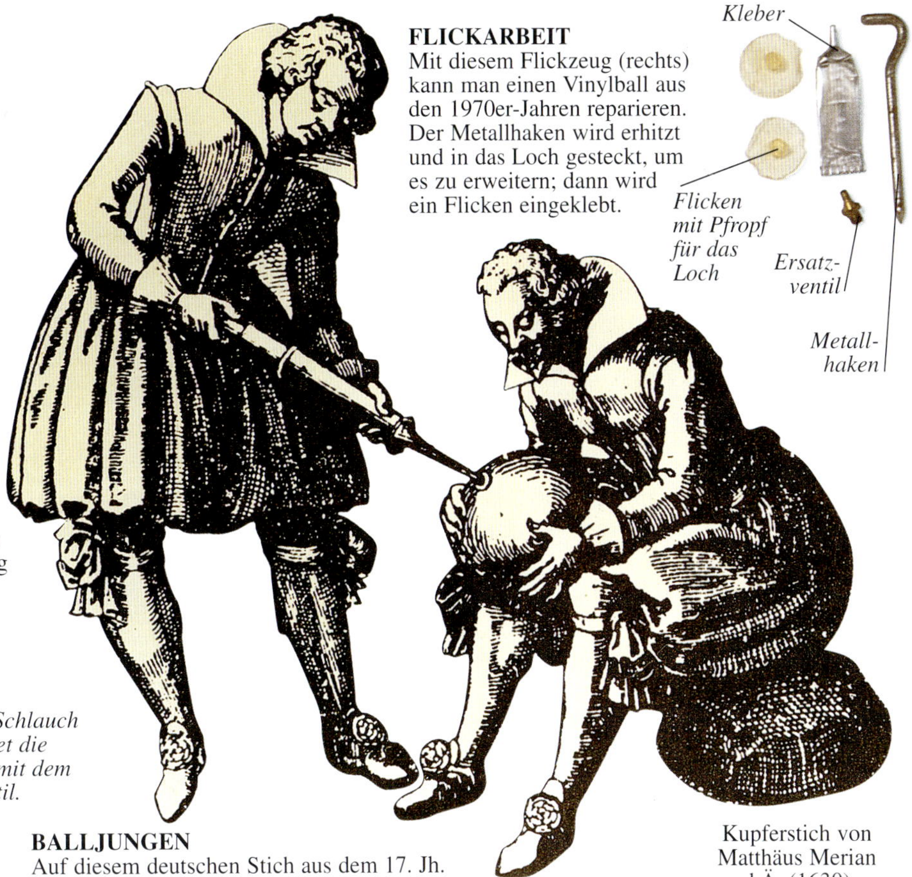

Kupferstich von Matthäus Merian d.Ä. (1630)

**BALLJUNGEN**
Auf diesem deutschen Stich aus dem 17. Jh. sehen wir zwei Männer, die eine Schweinsblase für ein Ballspiel aufpumpen. Die beiden sind Diener und bereiten einen Ersatzball für ihre Herren vor, die Pallone spielen, eine Fußballvariante jener Zeit.

**AUFGEPUMPT**
Im Lauf der Zeit entwich die Luft aus der Blase und der Ball musste wieder aufgepumpt werden. Manchmal blies man den Ball absichtlich prall auf, damit er hart war und besser sprang. Wenn man die Blase zu stark aufpumpte, konnte sie platzen. Deshalb wurden Pumpen mit Druckmesser entwickelt (um 1890).

*Wenn der Ball durch die Luft wirbelt, blitzen die Farben auf.*

*Calcio-Bälle bestehen aus zusammengenähten und bemalten Lederstücken.*

## Andere Bälle

Es gibt auf der Welt noch andere, z.T. sehr alte Spiele, bei denen der Ball mit den Füßen gespielt wird – und jedes hat seinen eigenen Ball. Manche Bälle erinnern in Form und Farbe noch an die religiösen Wurzeln des jeweiligen Spiels. Andere wieder sind besonders widerstandsfähig und wurden der Spielweise angepasst.

**RANK UND SCHLANK**
Beim American Football trat man den Ball früher auch mit den Füßen. Als das Werfen zur wichtigsten Form des Zuspiels wurde, veränderte man die Form des Ball. Als ovales „Ei" kann er besser festgehalten und weitergegeben werden.

**GROSSES TOR**
Auf den schottischen Orkneyinseln findet zu Neujahr eine Art Fußballspiel statt, das durch alle Straßen gespielt wird. Der Ball ist sehr schwer und mit Korkstücken ausgestopft. So übersteht er das mehrere Stunden dauernde Spiel und kann sogar schwimmen – was sehr wichtig ist, weil ins Meer geschossene Bälle als Tore gezählt werden.

**FARBENSPIEL**
Calcio, der in Italien erstmals im 16. Jh. gespielt wurde, wurde 1930 in Florenz wieder eingeführt. Jede Mannschaft besteht aus 27 Männern in mittelalterlicher Gewandung. Die Bälle sind grün, weiß und rot – passend zu den Kostümen. Calcio-Bälle sind kleiner als die „normalen" Fußbälle und können daher leichter hoch gespielt werden.

# Fußballschuhe

Das eigenwillige Stillleben von Doris Brand (um 1950) trägt den Titel *Christophers Stiefel.*

Die Schuhe, der wohl kostspieligste Teil der Ausrüstung, haben sich in den letzten hundert Jahren wesentlich stärker verändert als z.B. der Dress. Das schnelle Spiel des modernen Fußballs wäre in den schweren, klobigen Stiefeln, die bis in die 1930er-Jahre üblich waren, gar nicht möglich. Die Spieler fürchteten sich damals regelrecht davor, neue Schuhe „einspielen“ zu müssen, weil das harte Leder Blasen und Schmerzen verursachte. Lieber ließen sie wieder und wieder die alten reparieren, bis diese regelrecht auseinander fielen. Bei den ersten WM-Spielen in den 1930er-Jahren trugen die südamerikanischen Spieler zum großen Erstaunen der Europäer leichtere, niedrigere Schuhe. Damit begann der Trend zum ausgeklügelten Spezialschuh.

**MEHRZWECKSTIEFEL**
Anfang des 19. Jh.s hatten nur sehr wenige Fußballer eigene Sportschuhe. Diese Mädchenstiefel wurden auf der Straße und im Haus getragen. Die glatten Sohlen, der Absatz und der hohe Schaft hätten beim Fußball sicher gestört, der Knöchel aber war gut geschützt.

Mädchenstiefel (19. Jh.)

Kinderstiefel (um 1920)

Kinder „bolzen“ gerne ein bisschen.

**SPEZIALSCHUHE**
Etwa ab 1920 wurden Fußballschuhe wie die „Manfield Hotspur“ für Fußballer jeden Alters in Serie hergestellt. Kinder- und Erwachsenenschuhe waren gleich gestaltet und besaßen verstärkte Vorder- und Hinterkappen sowie Knöchelschutz. Die Stollen waren aus Leder. Für die meisten Arbeiterfamilien waren diese Schuhe unerschwinglich; hatte man sie aber anschaffen können, dann wurden sie den jüngeren Geschwistern vererbt.

**STIEFEL OHNE STOLLEN**
Wer es sich leisten konnte, trug im 19. Jh. diese oder ähnliche Fußballschuhe. Die glatten Sohlen erlaubten keine scharfen Wendungen oder lange Pässe. Für das damals übliche Dribbeln jedoch eigneten sie sich einigermaßen gut. Dieser Spielstil wurde in England bevorzugt, weil die Plätze der Privatschulen sehr klein waren. Wenn Lederstiefel wie diese nass wurden, wurden sie doppelt so schwer.

*Verstärkte Gelenkstütze*

*Schnürsenkel aus Baumwolle*

**FUSSBÄDER**
Um 1910 waren diese „Cup Final Specials“ aus England auf dem Markt, benannt nach dem Pokalendspiel. Das Korbflechtmuster auf den Vorderkappen sollte den Schuh vorne griffiger machen und das Abrutschen des Balls vermeiden helfen. Viele Spieler legten sich mit den neuen Schuhen ein paar Stunden in die Badewanne, damit das Leder weicher wurde.

*Die Schnürsenkel wurden mehrfach um den Knöchel gewickelt, damit sie fester saßen.*

**SCHNÜRSENKEL**
Seit den 1930er-Jahren stellte die Firma Paton in England spezielle Schnürsenkel für Fußballschuhe her. Die Sportler hatten einen großen Bedarf an diesem Artikel, denn die Baumwollbänder weichten bei den Spielen durch, trockneten dann aus und rissen schon nach ein paar Spielen.

**SCHUHE NACH MASS**
Heutzutage sind bunte Fußballschuhe sehr in Mode. Moustafa Hadji aus Marokko trug bei der WM 1998 als einer der Ersten Schuhe, die weder schwarz noch braun waren. Früher waren jedoch immer wieder weiße Schuhe aufgekommen. Puma hatte1958 einen weißen Fußballschuh hergestellt und zehn Jahre später trug der englische Spieler Alan Ball weiße Schuhe.

*Biegsame Gelenkstütze*

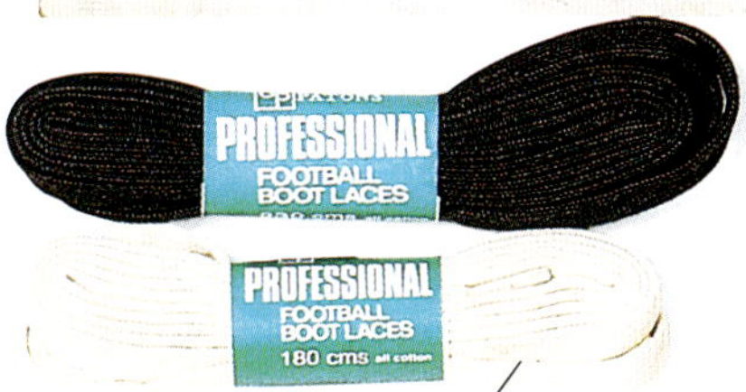


*Weiße Schnürsenkel waren in den 1930er-Jahren „in".*

*Tom Finney (England) machte diese Schuhe beliebt.*

**NEUE MODE**
Das klassische schwarz-weiße Design, das heute noch gebräuchlich ist, kam in den 1950er-Jahren auf. Der verstärkende Seitenstreifen wurde von älteren Modellen übernommen. Die Schuhe waren biegsamer als ihre Vorgänger und mussten nicht mehr so lange eingelaufen werden. Der verminderte Knöchelschutz ergab mehr Bewegungsfreiheit, erhöhte aber auch die Verletzungsgefahr. Ungefähr zu dieser Zeit begannen die Hersteller ihre Modelle nach bekannten Spielern zu benennen.

**DESIGNERSCHUHE**
Hersteller stecken heute viel Geld in die Entwicklung von Sportschuhen. Das Oberleder ist meist feinstes Känguruleder; kombiniert mit Sohlen aus leichtem Kunststoff ergibt dies haltbare, bequeme Schuhe, die den Spielern ermöglichen, ihre Fähigkeiten voll zu entfalten. Die aufwändige Werbung spielt im Wettbewerb der Hersteller eine große Rolle.

## Stollenkunde

Anzahl und Art der Stollen sowie ihre Anordnung auf der Sohle richten sich nach dem Zustand des Platzes. Nasse, schlammige Spielfelder erfordern lange Stollen, kürzere Stollen trägt man auf hartem Boden. Stollen erhöhen allerdings auch die Verletzungsgefahr und beschäftigen daher die Vereinsvorstände. Spieler mit nicht genehmigten Schuhen erhielten in den 1930er-Jahren Feldverweis. Seit 1900 kontrolliert der Schiedsrichter oder ein Assistent die Stollen jedes Spielers. Wer Schuhe mit scharfen Kanten oder herausstehenden Nägeln trägt, darf nicht mitspielen.

Holzhammer

*Stollen mit Nägeln*

**DIE ERSTEN STOLLEN**
Anfangs waren die Fußballstiefel ganz aus Leder. Die Stollen wurden in die Sohle genagelt.

*Nägel*

**NAGELSCHÄDEN**
Später kamen Gummistollen auf. Sie wurden ebenfalls in die Sohle genagelt – was die Lebenserwartung der Schuhe verkürzte.

*Die Stollen werden eingeschraubt.*

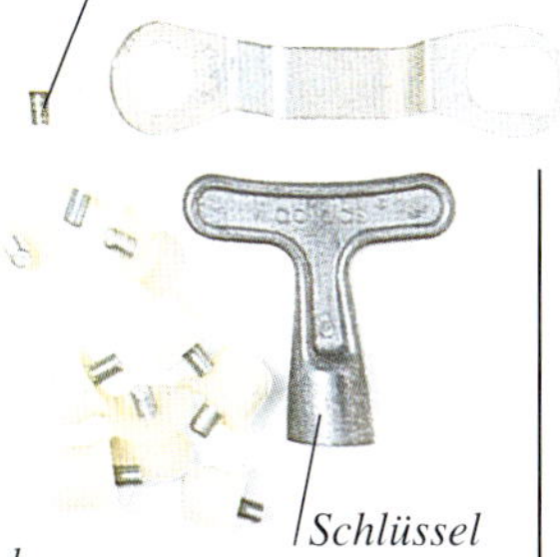

*Schlüssel für Schraubstollen*

**SCHNELLE WECHSEL**
Die modernen Schraubstollen sind aus Kunststoff oder Metall. Die Spieler können sie problemlos in der Pause auswechseln.

Im 19. Jh. trugen sowohl Fußball- als auch Rugbyspieler knielange Knickerbocker ohne Beinschutz.

# Spielkleidung

In den Regeln von 1863 wurden Hemd, kurze Hosen und lange Socken (Stutzen) als Spielkleidung vorgeschrieben. An dieser Grundausstattung hat sich bis heute nichts geändert, aber die Stoffe sind nicht mehr die gleichen. Dünne, „atmende“ Stoffe haben sich weltweit durchgesetzt. Die Mannschaften tragen auf dem Spielfeld aufeinander abgestimmte Farben oder Streifen in den Farben ihrer Vereine, sodass ihre Fans sie immer von der gegnerischen Mannschaft unterscheiden können. Die meisten Mannschaften haben mehrere verschiedene Garnituren für Heim- und Auswärtsspiele. So wird vermieden, dass gegeneinander antretende Mannschaften die gleichen Farben tragen.

**DAS ORANGE-TEAM**
Der niederländische Dress ist der einzige in der Farbe Orange. Die niederländischen Fans tragen Imitationen der Mannschaftshemden und andere orangefarbene Sachen; auf den Tribünen kann man sie schon von Weitem erkennen. Hier ist Marc Overmars während der WM 1998 für die Niederlande am Ball.

**WOLLENE TRIKOTS**
Im späten 19. Jh. wurden Fußballtrikots häufig aus Wolle hergestellt. Die Pullover verzogen sich leicht und saugten sich bei Regen voll Wasser.

**AUSWÄRTS-DRESS**
Im Endspiel der WM 1966 trugen die Engländer leichte Baumwolltrikots mit rundem Kragen. Weil der Auswärtsdress der deutschen Mannschaft weiß war, trug England, das zu Hause spielte, nicht den weißen Heimspieldress, sondern Rot.

**ZUGESCHNÜRT**
Nach 1900 bekamen die Mannschaften einheitliche Spielkleidung. Ein Spieler von Newcastle United trug dieses schwarz-weiße Trikot beim Endspiel um den FA Cup 1908. Auch heute noch hat Newcastle schwarz-weiße Trikots. Dieses ältere Modell ist aus dicker Baumwolle und hat einen Schnürverschluss – der in den 1990er-Jahren wieder in Mode kam; unter anderem begeisterte sich Manchester United für diesen Schnitt.

**AUSTRALISCHER CHIC**
Dieser Wollpullover mit Baumwollkragen wurde 1925 von T. Traynor bei einem Länderspiel getragen. Trikots haben bei Länderspielen auch symbolische Bedeutung: Nach dem Spiel tauschen die Spieler beider Mannschaften die Trikots als Zeichen der Freundschaft.

**FRISCHEHEMD**
Moderne Trikots halten ihren Träger kühl und trocken, indem sie Flüssigkeit nach außen transportieren. Das brasilianische WM-Trikot von 1994 war aus leichtem Synthetik. Besonders bei Hitze sind Stoffe mit guten Klimaeigenschaften wichtig.

## ZIEH DIE SOCKEN HOCH!

Diese Wollstutzen aus den 1920er-Jahren sehen genauso aus wie ihre modernen Nachfolger aus Synthetikfaser. Gehalten werden sie am Bund mit Bändern. Gegen Ende eines anstrengenden Spiels, wenn die Sportler leicht Krämpfe bekommen, lösen viele die Bänder. Heruntergerutschte Stutzen sind das untrügliche Kennzeichen eines erschöpften Kickers.

Kremfarbene Flanellshorts (um 1900)

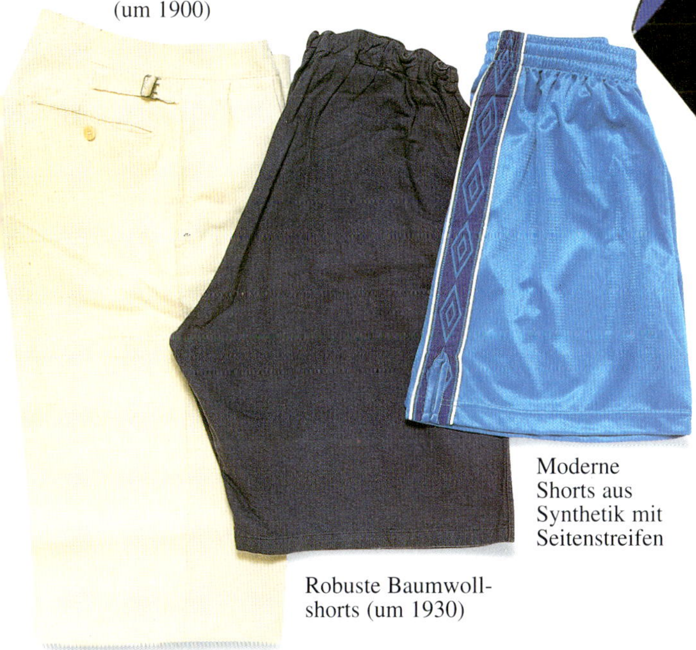

Moderne Shorts aus Synthetik mit Seitenstreifen

Robuste Baumwollshorts (um 1930)

## ÜBER KURZ ODER LANG

Kickende Gentlemen in den 1860er-Jahren traten in langen Hosen an. Als schnelleres Spiel mehr Einsatz verlangte, wurden knielange Knickerbocker zur Fußballkleidung. Die weiten Shorts der 1930er-Jahre erreichten ihren modischen Höhepunkt, als Alex James von Arsenal sie trug, „der winzige Mann in den großen Shorts“. Nach einer Welle enger Shorts in den 1980ern erlebten die weiten Hosen in den 1990ern ein Revival.

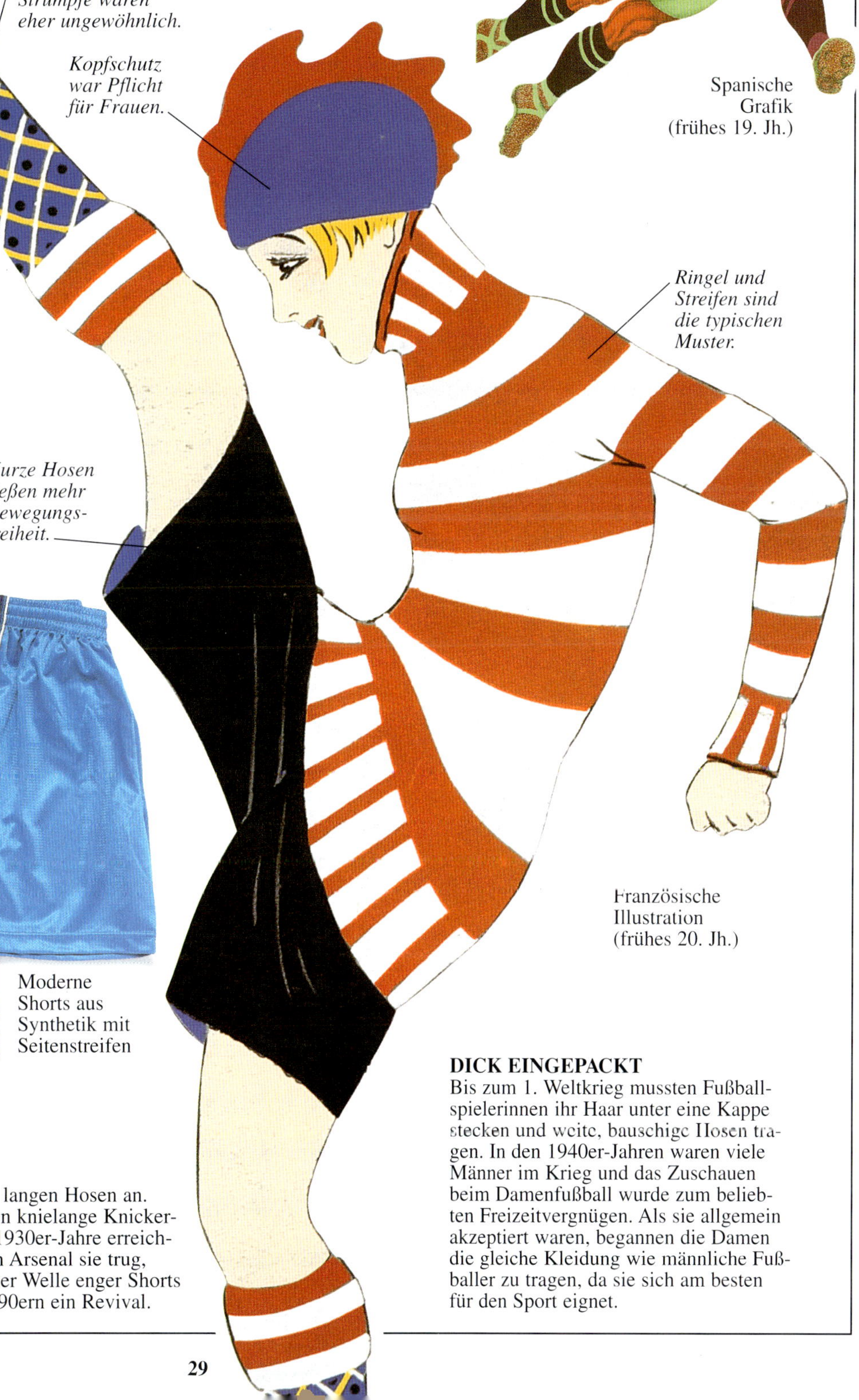


Französische Illustration (frühes 20. Jh.)

Spanische Grafik (frühes 19. Jh.)

## SCHÖNWETTER-LOOK

Anfang des 20. Jh.s produzierten die Hersteller von Sportkleidung in vielen Ländern jene Art von Dress, den britische Spieler im 19. Jh. im Ausland getragen hatten. Die Trikots wurden dünner und leichter, hatten kurze Ärmel und V-Ausschnitte. So entstand ein mediterraner Stil – hier durch eine Abbildung vorgestellt, die aus Valencia/Spanien stammt.

## DICK EINGEPACKT

Bis zum 1. Weltkrieg mussten Fußballspielerinnen ihr Haar unter eine Kappe stecken und weite, bauschige Hosen tragen. In den 1940er-Jahren waren viele Männer im Krieg und das Zuschauen beim Damenfußball wurde zum beliebten Freizeitvergnügen. Als sie allgemein akzeptiert waren, begannen die Damen die gleiche Kleidung wie männliche Fußballer zu tragen, da sie sich am besten für den Sport eignet.

# Zubehör

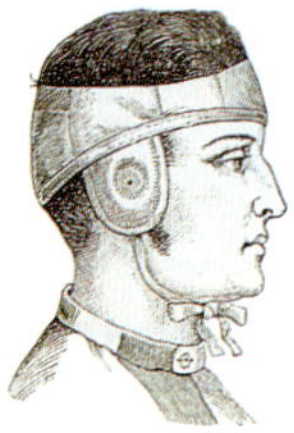

Ohrenschützer (Abbildung aus einem Katalog)

Unbequeme Kleidung und ein hohes Verletzungsrisiko waren für die Pionierzeit des Fußballs typisch. Erst gegen Ende des 19. Jahrhunderts begann man schützendes Zubehör zu verwenden. Der Nottingham-Forrest-Spieler Samuel Widdowson entwickelte 1874 Schienbeinschützer, die den Sportlern seither unzählige Beinverletzungen erspart haben. Sie gehören noch heute zur Standardausrüstung; andere Dinge dagegen, wie z.B. Mützen, Ohrenschützer und Gürtel, sind schon lange nicht mehr im Gebrauch.

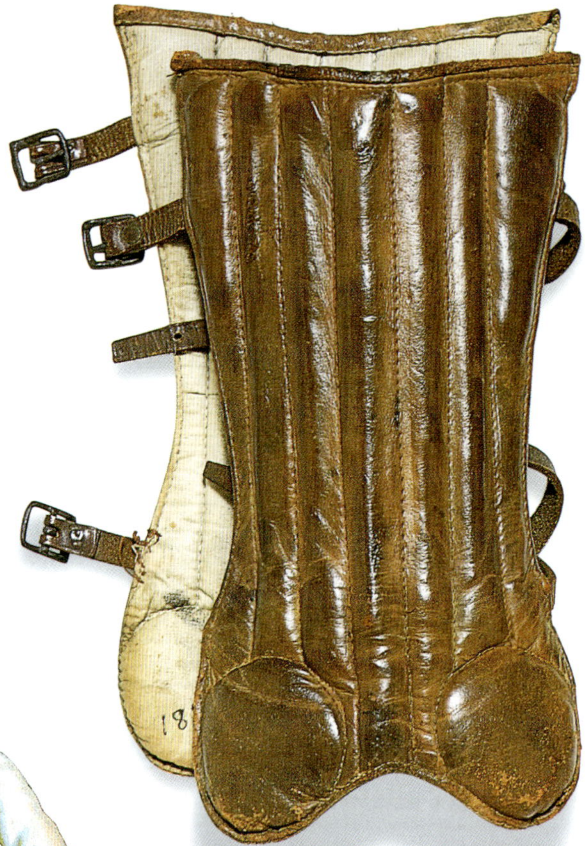

**ZEITLOS**
Um 1900 trugen die Spieler über ihren Stutzen Schienbeinschützer mit Riemen und Schnallen wie diese. Vorne waren sie mit Leder, auf der Rückseite mit Baumwollstoff bezogen; die Füllung bestand aus Tierhaar. Diese Materialkombination wurde bis in die 1960er-Jahre verwendet.

**DIE ERSTEN SCHIENBEINSCHÜTZER**
Die allerersten Modelle wurden über den Stutzen getragen; sie gingen in einen Knöchelschutz über, der auf dem Stiefel auflag. Manche hatten, wie die hier abgebildeten, einen Bezug aus Wildleder, das Nässe noch weniger als andere Lederarten verträgt. Diese Schützer waren schwer und ziemlich steif. Sie stammen aus den 1890er-Jahren.

*Die geknöpfte Jacke setzte sich als Spielkleidung nicht durch.*

*Schienbeinschützer mit Schnallen und Riemen*

**VERSTÄRKUNG**
Illustration auf dem Deckel eines deutschen Fußballspiels aus dem späten 19. Jh. Die Schienbeinschützer, die hier über Stutzen und Hose getragen werden, scheinen mit Stäben verstärkt zu sein.

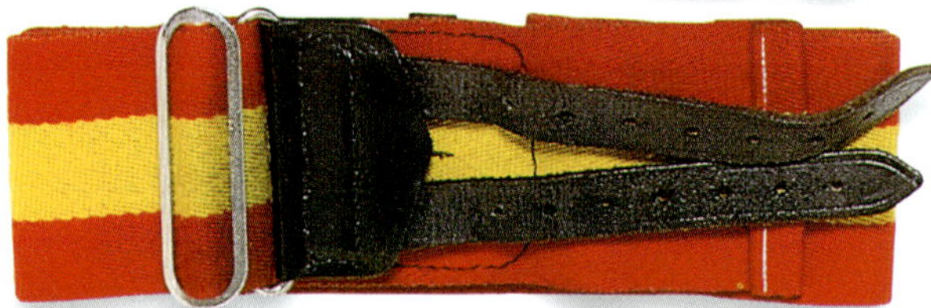

Schülergürtel (frühes 20. Jh)

**GUT GEGÜRTET**
Bis ins 20. Jh. hinein gehörten aufwändig gearbeitet Gürtel zur Ausrüstung v.a. der Zöglinge von Privatschulen, aber auch der Fußballdamen. Gürtel in den gleichen Farben dienten als Erkennungszeichen einer Mannschaft.

Damengürtel (1895)

Schienbeinschützer aus den 1980er-Jahren ähneln denen aus den 1930ern.

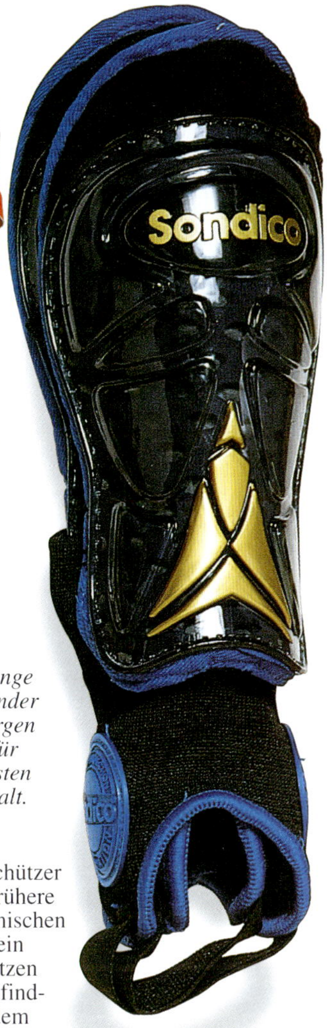


*Lange Bänder sorgen für festen Halt.*

**BEWEGUNGSFREIHEIT**
Die Schienbeinschützer hatten ab 1910 keinen integrierten Knöchelschutz mehr, weil dieser die Beweglichkeit des Fußes beeinträchtigte. Pässe und Laufen ohne Ball waren wichtiger als früher geworden und erforderten Bewegungsfreiheit. Dafür mussten die Spieler ein Stück weit auf Sicherheit verzichten. Die Schützer waren manchmal mit Kork verstärkt.

**NÄHER AM BEIN**
Ab den 1930er-Jahren trug man die Schienbeinschützer unter den Stutzen. An Stelle von Riemen hatten sie Bänder. Viele Jahre später verdrängten die besser anliegenden Stutzen aus Synthetikfaser die aus Wolle. Sie hielten die Schienbeinschützer so fest, dass die Bänder überflüssig wurden.

**LEICHTGEWICHT**
Die modernen Schienbeinschützer sehen ganz anders aus als frühere Modelle. Dank ihrer anatomischen Form passen sie sich ans Bein an. Sie sind leicht und schützen dennoch gut, sogar die empfindliche Achillessehne hinter dem Knöchel: Ebenso wie vor hundert Jahren ist der Knöchelschutz heute wieder in die Schienbeinschützer integriert.

*Die Kappen der Damen schützten das Haar und hielten es zusammen.*

*Streifen in den Clubfarben*

**MOLLIG WARM**
Bei Spielen in kaltem Wetter tragen v.a. Spieler aus südlichen Ländern gerne Handschuhe. Spielern, die zu Verletzungen der Bein- und Bauchmuskulatur neigen, wird zu warmen Unterhosen geraten, weil warme Muskeln elastischer und daher weniger anfällig sind.

Der brasilianische Spieler Emerson

Fußballerfigur aus Deutschland, handbemalt

**FUSSBALLFIGUR**
Diese Porzellanfigur wurde in den 1890er-Jahren in Deutschland hergestellt. Darstellungen aus jener Zeit zeigen die Fußballspieler immer mit Kappe, obwohl Kopfbedeckungen damals schon mehr modische als praktische Funktion hatten.

Fußballkappen für Damen

**HUT AB!**
Diese Kappen stammen aus dem Jahr 1895, als der Damenfußball noch in den Kinderschuhen steckte. Die Damen spielen von jeher keineswegs sanfter als die Herren; auch sie trugen von Anfang an Schienbeinschützer.

# Berühmte Spieler

Fußball ist ein Mannschaftssport und die Herzen der Fans schlagen für den ganzen Verein, aber einzelne Spieler stechen durch besonderes Talent aus ihrer Elf heraus, sodass tausende von Zuschauern eigentlich hauptsächlich wegen ihnen ins Stadion kommen oder das Fernsehgerät einschalten. Manche dieser Stars verfügen über viel Teamgeist, andere sind umstritten und gelten als launisch und egozentrisch; alle großen Spieler aber vermögen es, durch ihren Einsatz dem Verlauf eines Spiels eine völlig neue Wendung zu geben.

**GORDON BANKS (geb. 1937)**
Der Engländer Gordon Banks ist besonders durch einen Hechtsprung berühmt geworden, mit dem er bei der WM 1970 Pelés Kopfball abwehrte. Der erfolgreiche Torwart nahm zwischen 1963 und 1972 an 73 Länderspielen teil.

**JOHANN CRUYFF (geb. 1947)**
Cruyff ist einer der wenigen großen Spieler, die auch gute Trainer wurden. Es gelang ihm, seiner Mannschaft etwas von dem taktischen Geschick zu vermitteln, das seine Spielweise zu einem Genuss gemacht hatte. Er spielte für Holland, Ajax Amsterdam und Barcelona. Von allen Positionen aus konnte der Stürmerstar die Abwehr aufbrechen.

**GERD MÜLLER (geb. 1945)**
„Der Bomber der Nation“ war ein hervorragender Mittelstürmer. Seine geringe Körpergröße glich er durch seine erstaunliche Sprungkraft mehr als aus. In 62 Länderspielen erzielte er für Deutschland 68 Tore. Bayern München war der Club, bei dem er am längsten spielte; für diese Mannschaft schoss er 365 Tore – einige aus unglaublichen Stellungen.

*Milla war ein großartiger Unterhalter, der seine Freude über ein Tor deutlich ausdrückte.*

Roger Milla nach einem Tor für Kamerun im WM-Spiel von 1990 gegen Kolumbien

**ROGER MILLA (geb. 1952)**
Roger Milla war zweimal afrikanischer Spieler des Jahres und der erste afrikanische Spieler, der weltweit berühmt wurde. 1994 war er mit 42 Jahren der älteste Spieler bei der WM und schoss zudem ein Tor.

**BOBBY CHARLTON (geb. 1937)**
Der Star von Manchester United überlebte 1958 den Flugzeugabsturz, bei dem 8 seiner Kollegen getötet wurden. Bekannt für sein genaues, kraftvolles Spiel, trug er entscheidend zum Sieg Englands bei der WM 1966 bei.

Beim Training übte Eusebio eifrig die Ballkontrolle.

*In 67 Länderspielen erzielte Eusebio 40 Tore.*

**EUSEBIO (geb. 1942)**
Der in Mosambik geborene Stürmer wurde von Benfica Lissabon entdeckt und spielte für Portugal. Sein internationales Debüt gab er im Europapokal-Finale 1962, als er mit zwei Toren zu dem 5:3 beitrug, mit dem Benfica den Gegner Real Madrid besiegte. Eusebio wurde weltweit als hervorragender Fußballer, aber auch wegen seines fairen Spiels geachtet.

**DIEGO MARADONA (geb. 1960)**
Maradona war einer der besten Fußballer seiner Zeit, aber auch einer der umstrittensten. Er führte die argentinische Nationalmannschaft 1986 zur Weltmeisterschaft und den SSC Neapel zweimal in den späten 1980er-Jahren zum italienischen Titel. Er war kaum vom Ball zu trennen und hatte einen knallharten Schuss.

*Sein niedriger Schwerpunkt förderte sein Gleichgewicht.*

*Im WM-Spiel 1986 gegen England erzielte Maradona zwei Tore, einem ging ein Handspiel voraus, das zweite krönte einen faszinierenden Alleingang.*

*Wie viele große Spieler trug auch Maradona gerne die Nummer 10.*

*Die Fans waren von Maradonas Ballkünsten fasziniert.*

**GARRINCHA (1933–1983)**
Garrincha, „Paradiesvogel“, war der Spitzname von Manuel Francisco dos Santos. Er hatte als Kind Polio gehabt, machte aber das Beste aus seinen krummen, ungleich langen Beinen und wurde zu einem der schnellsten Rechtsaußen und einem wahren Dribbelphänomen. 1962 trug er mit seinem brillanten Spiel dazu bei, dass Brasilien auch ohne den verletzten Pelé die WM gewann.

Meazza (unten rechts) vor dem Endspiel der WM 1938 mit Sarosi, dem Kapitän der ungarischen Mannschaft.

**GIUSEPPE MEAZZA (1910–1979)**
Mit der italienischen Nationalmannschaft errang Meazza 1934 und 1938 zwei WM-Titel. Als Innenstürmer hatte er zahlreiche Tore vorbereitet oder selbst geschossen. 1938 übernahm er zusätzlich die Mannschaftsleitung, nachdem deren Trainer Pozzo von der Bank auf die Tribüne verwiesen worden war. Meazza schoss in 53 Länderspielen 33 Tore.



*Fortsetzung auf der nächsten Seite*

*Fortsetzung von Seite 33*

*Kopa war in den 1950er-Jahren der beste französische Spieler.*

*Seine Ballkontrolle und seine durchdachten Pässe machten Kopa berühmt.*

**RAYMOND KOPA (geb. 1931)**
Der kreative Mittelfeldspieler spielte beim französischen Club Stade Reims. Er brachte seine Mannschaft 1956 ins Endspiel um den Europapokal. Reims verlor jedoch gegen Real Madrid. Bei der WM 1958 spielte Kopa für Frankreich und war 1959 Europäischer Fußballer des Jahres.

**MARCO VAN BASTEN (geb. 1964)**
Der Holländer van Basten erzielte beim Europameisterschafts-Finale 1988 ein fantastisches Tor. Leider beendete eine Knöchelverletzung seine Karriere.

*Van Basten war der beste Mittelstürmer der späten 1980er-Jahre.*

**LUIS SUÁREZ (geb. 1935)**
Suárez gilt als einer der besten spanischen Fußballer aller Zeiten. In den späten 1950er-Jahren beherrschte er für Barcelona das Mittelfeld. Mitte der 1960er-Jahre spielte er eine Schlüsselrolle in Inter Mailands Catenaccio-System – einer starken Abwehrlinie mit nur einem Stürmer. Er war berühmt für seine schnellen Angriffsmanöver und sorgfältigen Pässe. Bei der WM 1990 war Suárez Trainer der spanischen Mannschaft.

*Diese beiden Verteidiger spielen für den AS Rom.*

*Roms Verteidiger in Platinis Schlepptau*

**STANLEY MATTHEWS (1915–2000)**
Der 1965 geadelte Rechtsaußen war ein gefürchteter Dribbler. Sein bekanntestes Spiel war der Sieg von Blackpool im englischen Pokalfinale 1953. Er gewann 84-mal mit dem Nationalteam und spielte noch im Alter von 50 Jahren als Profi für Stoke City.

**LEW JASCHIN (1929–1990)**
Der stets schwarz gekleidete Jaschin war neben Gordon Banks der beste Torhüter seiner Zeit. Er stand bei drei WMs für die UdSSR im Tor und ist bis heute der einzige Torwart geblieben, der zum Europäischen Fußballer des Jahres gewählt wurde.

Zusammen erzielten Puskás und di Stefano beim Europapokal-Endspiel 1960 sieben Tore.

**FERENC PUSKÁS (geb. 1927)**
Der Star von Ungarns berühmtester Mannschaft der 1950er-Jahre war mit dabei, als Ungarn 1953 in Wembley England mit 6:3 besiegte. 1958 ging er zu Real Madrid. Am besten spielte er mit seinem linken Fuß, mit dem er erstaunliche Tore erzielte.

**ALFREDO DI STEFANO (geb. 1926)**
Als Real Madrid im europäischen Fußball der 1960er-Jahre eine führende Rolle spielte, war di Stefano einer der Stars des Clubs. Voller Ausdauer beteiligte er sich unermüdlich am Spielgeschehen.

**MICHEL PLATINI (geb. 1955)**
Platini spielte trotz der hohen an ihn gestellten Erwartungen immer sehr unbeschwert. Als er bei den Europameisterschaften 1984 französischer Mannschaftskapitän war, gewann seine Elf diesen Wettbewerb zum ersten Mal. Der 1982 zu Juventus Turin gewechselte offensive Mittelfeldspieler war dreimal italienischer Torschützenkönig.

Michel Platini im Trikot von Juventus Turin

*Seine Schnelligkeit und vorausschauende Spielweise öffneten Platini viele freie Räume.*

**FRANZ BECKENBAUER (geb. 1945)**
Beckenbauer war ein genialer Libero und Regisseur seiner Mannschaft. Wie Cruyff machte auch er Karriere als Trainer. 1974 gewann er als Kapitän mit der deutschen Nationalmannschaft den WM-Titel; als Trainer führte er 1990 die deutsche Elf zum WM-Sieg. Heute ist er Präsident des FC Bayern München.

**PELÉ (geb. 1940)**
Auf die Frage, wer der größte Fußballer aller Zeiten sei, würden viele Pelé nennen. Trotz der zahllosen Fouls frustrierter Abwehrspieler brachte er es auf über 1000 Tore – für den brasilianischen Club Santos, für Cosmos New York und für die brasilianische Nationalmannschaft. Seine Begeisterung für den Fußball machten ihn zu einem wichtigen Vorbild für Nachwuchsspieler.

Aufnäher für Teilnehmer an einem Länderspiel

# Medaillen und Kappen

Jeder Fußballer will nicht nur gut spielen, sondern wünscht sich, dass seine Mannschaft gewinnt. Spieler, die eine Meisterschaft gewonnen haben, werden mit einer Medaille belohnt; jene, die so hervorragend sind, dass sie in die Nationalmannschaft berufen werden, erhalten in England z.B. eine Kappe als persönliche Trophäe. Die Anzahl der Spiele in der Nationalmannschaft ist ein Maßstab für den Erfolg eines Spielers – ebenso wie die Anzahl der geschossenen Tore, oder bei einem Torwart die Anzahl von Torschüssen, die er abgewehrt hat. Das erhöht auch ihren Marktwert im nationalen und im internationalen Fußball-Geschäft.

Argentinischer „Pokal“: getrocknete Auberginenschale mit Silberrand

Silberlöffel aus Norwegen

Silberlöffel aus Argentinien

Verzierter Silberdolch

**KOSTBARKEITEN**
Nach Länderspielen erhalten Fußballer manchmal auch Geschenke vom gegnerischen Fußballverband. Nach einem Spiel gegen Norwegen (1949) bekam jeder englische Spieler einen Silberlöffel. Anlässlich ihres ersten Besuchs in Wembley/England 1951 beschenkten die Argentinier ihre Gastgeber mit silbernen Dolchen.

## Medaillen

Fußballer erhalten diese Auszeichnungen nicht für eine besondere Eigenleistung, sondern weil sie sich um ihre Mannschaft verdient gemacht haben. Medaillen werden auf allen Ebenen verliehen, im Profiebenso wie im Amateursport. Sie erinnern an Höhepunkte – und können zu wertvollen Sammlerobjekten werden.

**SPORTSGEIST**
Bevor es Fußball-Ligen gab, wurden Medaillen nicht nur für Siege, sondern auch für sportliches Verhalten verliehen. Der Verteidiger C. Duckworth erhielt in der Saison 1883/84 diese Medaille für „faires und erfolgreiches Spiel“.

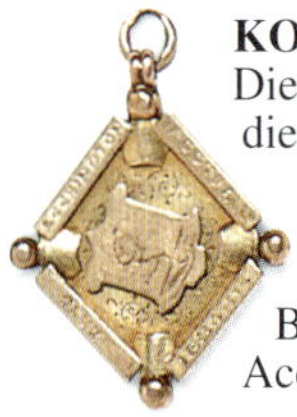

**KOMPLIMENT**
Diese „Medaille für die Überwindung aller Gegenspieler“ ging in der Saison 1884/85 an B. Robinson von Accrington Stanley.

**ENTSCHEIDENDE PREISE**
Die Mannschaften, die bei den Fußballweltmeisterschaften den dritten oder vierten Platz erreichen, werden mit Medaillen ausgezeichnet. Bei der WM 1998 errang Kroatien dank der von Robert Prosinecki und Davor Suker geschossenen Tore den dritten Platz durch einen 2:1-Sieg über Holland.

Sieger des Lancashire Cup (1887)

Englische gegen Schottische Liga-Auswahl (1893)

Zweiter Platz beim FA Cup (1893)

**DOUBLE**
Diese Medaillen gehörten R.H. Howarth von den Preston North End „Invincibles“. Die Elf gewann 1888/89 in England sowohl den Ligapokal als auch den FA-Pokal.

**TROPHÄE**
Diese Plakette erinnert an das Länderspiel Frankreich gegen England im Jahre 1947. Alle Spieler der mit 3:0 erfolgreichen englischen Mannschaft erhielten eine solche Plakette.

**CLUBMEDAILLE**
Manche Vereine prägen eigene Medaillen, um ihre Spieler für besondere Leistungen auszuzeichnen. Die hier abgebildete verlieh Preston North End.

**ERFOLGREICHE UNGARN**
Als eine der ersten Nationen nahm sich Ungarn den englischen Fußball zum Vorbild. Sie übernahmen nicht nur die Fußballregeln, sondern auch die Spielerehrungen. Rechts eine Medaille für die Teilnehmer an einem Spiel gegen Österreich (1909).

*Ungarische Medaille (1909)*

**CHAMPIONS**
Medaille für erfolgreiche englische Spieler der Saison 1914–1915

**AMATEURE**
Diese Medaille bekam 1920 ein erfolgreicher Amateur.

**FÜR EINEN HELDEN**
Diese Medaille gehörte vielleicht Alex James, dem Star von Arsenal.

# Kappen

Bevor es den einheitlichen Dress gab, zeigten die Farben der Kappe die Zugehörigkeit zu einer Mannschaft an. 1872 beschloss die FA, dass die Spieler einer Elf gleiche Hemden tragen sollten. Seit 1886 werden den britischen Fußballern, wenn sie für ihr Land spielen, Kappen verliehen, entweder für einzelne, oder für eine ganze Serie von Spielen.

*Quasten und Knöpfe als Zierde*

*Der Drache, Wappentier von Wales*

**HOME CAP**
Diese walisische Kappe erhielten die Teilnehmer an den britischen Ländermeisterschaften 1903/04, an denen bis 1984 England, Schottland, Nordirland und Wales teilnahmen (rechts).

**CAREYS KAPPE**
Johnny Carey, ein berühmter Verteidiger von Manchester United, bekam diese Kappe 1938, als er für Irland gegen Polen und die Schweiz spielte.

*Erinnerungen an die Spiele wurden eingestick.*

*Daten der Spiele einer Saison*

*Ab 1921 hatte Nordirland eine eigene Mannschaft.*

*Fußballkappen meist aus Samt*

**SCHULFARBEN**
Anfangs wurden die Kappen in den englischen Privatschulen verliehen. Jedes Jahr erhielten die besten Spieler Kappen mit „ihren“ Farben.

**GUT TRAINIERT**
Nicht nur Spieler werden geehrt. Der Trainer Will Scott wurde anlässlich der Begegnung England gegen Schottland im November 1931 ausgezeichnet.

**KRIEGSSPIELE**
Während des 2. Weltkriegs nahmen bekannte Fußballer an Freundschaftsspielen teil, die die Moral der Bevölkerung stärken sollten. Nach dem Spiel England gegen Belgien in Antwerpen 1946 erhielt Tom Finney drei Medaillen (rechts).

**FÖRDERUNG**
In den 1950er-Jahren begannen Unternehmen Fußballereignisse zu würdigen. Die französische Zeitung *Le Soir* ließ 1953 diese Medaille prägen.

**WM**
Der Sieg im WM-Finale ist der größte Triumph im Fußball. Hier eine Kopie der Jules-Rimet-Medaille, die den deutschen Fußballern 1954 nach ihrem Sieg über Ungarn verliehen wurde.

**AFRIKAPOKAL**
Der Sieger des ersten Afrika-Nationencups 1957 wurde mit dieser Medaille geehrt. Die Wettkämpfe fanden in Khartoum/Sudan statt und nur Sudan, Äthiopien und Ägypten nahmen daran teil. Ägypten schlug Äthiopien im Finale 4:0.

**ZEBRAS**
Juventus ist mit bisher 28 Meistertiteln der erfolgreichste italienische Club und hat auch außerhalb Turins eine treue Fangemeinde. 1985 gewannen sie den Europapokal der Landesmeister und 1996 die Champions League.

# Berühmte Clubs

In jedem Land gibt es berühmte Vereine, die in den Ligen und Pokalwettbewerben ihrer Heimat eine große Rolle spielen. Diese Vereine sind meist über lange Zeit erfolgreich, weil sie über die notwendigen finanziellen Mittel verfügen, um gute Spieler einzukaufen und den Nachwuchs zu fördern. Erstaunlicherweise stößt man überall auf der Welt auf treue Fans von FC Barcelona oder Liverpool, Bayern München oder Mailand, auch wenn sie keine Chance haben, jemals in ihrem Leben bei einem Spiel ihrer Traumelf dabei zu sein.

**BRAVO, BENFICA!**
In Portugal können es nur Porto und Sporting Lissabon mit Benfica aufnehmen. Aber auch international ist der Lissaboner Club eine Größe. Benficas bisher beste Zeit waren die 1960er-Jahre; 1961 und 1962 gewann Benfica den Europapokal der Landesmeister und kam drei weitere Male ins Endspiel, unterlag jedoch.

*Benficas Symbol, ein Adler als Bronzefigur*

**MÄCHTIGES MARSEILLE**
Angeführt von Allen Boksic und Rudi Völler, schlugen die Kicker von Marseille den AC Mailand/Italien 1:0 und gewannen damit 1993 den Europapokal – als erste französische Mannschaft, obwohl französische Funktionäre wie z.B. Jules Rimet im internationalen Fußball seit jeher eine große Rolle gespielt haben.

**DAMEN AUS LONDON**
Netty Honeyball war die treibende Kraft bei der Gründung der ersten großen Damenmannschaft in den 1890er-Jahren. Zu der Zeit gab es in London kaum Fußballmannschaften, aber die Freundschaftsspiele der Frauen zogen viele Zuschauer an.

*Diese Büste des Meeresgottes Poseidon war Vorbild für das Wappen von Ajax.*

*Der Club Ajax wurde 1900 in Amsterdam gegründet.*

**JUNGE TALENTE**
Die Nachwuchsförderung von Ajax zahlte sich aus. Die Talente, zu denen auch Johann Cruyff gehörte, gewannen von 1971 bis 1973 dreimal den Europapokal der Landesmeister. Einige von ihnen führten auch die niederländische Nationalmannschaft in die Weltspitze. Obwohl der Club immer wieder Spieler verkauft, ist er auch heute noch erfolgreich.

*Das Sammelbild aus den 1890er-Jahren zeigt Verteidiger Jack Powell.*

**BUSBYS BABYS**
Manchester United hieß bei der Gründung Newton Heath. Die Umbenennung erfolgte 1902. Bei einem Flugzeugabsturz bei München starben 1958 acht Spieler. Bobby Charlton und Trainer Matt Busby bauten die Mannschaft wieder auf. ManU hat 1968 den Europapokal der Landesmeister und 1999 die Champions League gewonnen.

**GOLDENE JAHRE**
In den frühen 1970er-Jahren gehörte Bayern München mit drei gewonnenen Europapokalen hintereinander zu den besten Clubs Europas. In der Elf spielten u.a. Franz Beckenbauer, Gerd Müller und Sepp Maier, alle drei ebenfalls Leistungsträger der Nationalmannschaft.

Paul Breitner bei Bayern München (1974)

*Torhüter Dominguez aus Argentinien*

*Kapitän Alfredo di Stefano*

*Der schnelle Linksaußen Francisco Gento*

**SPANISCHE RIVALEN**
In den späten 1950er-Jahren besaß Real Madrid vermutlich die beste Vereinsmannschaft aller Zeiten. Mit legendären Spielern wie di Stefano und Puskás gewann der Club die ersten fünf Europapokale der Landesmeister. Real Madrid hat ein fantastisches Stadion: das Bernabeu – und einen erbitterten Gegner: FC Barcelona.

**ROTE TEUFEL**
Auf dem Foto (links) spielen Cagna und Rios von Independiente Buenos Aires (1995). 1964 gewann Independiente als erster argentinischer Club den Südamerika-Pokal für Vereinsmannschaften, die Copa Libertadores. Die „Roten Teufel" errangen diesen Pokal von 1972 bis 1975 viermal in Folge.

# Die Fans

**BANANENGRÜSSE**
In den 1980er-Jahren nahmen die englischen Fans aufblasbare Bananen mit auf die Tribünen, auch Fische oder riesige Spiegeleier, und winkten damit ihren Lieblingsmannschaften zu.

Sicher kommt es beim Fußball auf Taktik, Technik und Ballgefühl an, vor allem aber auf Talent und Teamgeist. Es sind jedoch nicht nur die Spieler allein, es sind auch die Fans, die den Fußballsport zu dem gemacht haben, was er heute ist. In den ersten Jahrzehnten des 20. Jahrhunderts erstritt sich die arbeitende Bevölkerung mehr Freizeit und verbrachte einen Teil davon mit Sport – aktiv oder passiv. Die Stimmung der anwesenden Zuschauer beeinflusst maßgeblich das Spiel – und je lauter und je bunter sie auftreten, desto besser.

Wimpel von Manchester City/ England

Rosette von Preston North End/England

Hollandschal

Schal von Lazio/Italien

**CLUBFARBEN**
Die Clubfarben spielen in der Beziehung zwischen Mannschaft und Fans eine große Rolle. Früher ließen die Fans vor großen Spielen Rosetten und Wimpel anfertigen; heute tragen sie Schals.

**FREIE SICHT**
Wenn sie ein Spiel wirklich sehen wollen, schrecken Fans vor nichts zurück. Im 19. Jh., als es die großen Tribünen noch nicht gab, kletterten zahlreiche Fußballfreunde auf die Bäume rings um den Platz.

**SAMMLERSTÜCKE**
Fans haben schon immer gerne Dinge besessen, auf denen Fußballer abgebildet sind. Heute sind diese Artikel meist mit Clubemblemen verziert, früher waren allgemeine Szenen aus dem Spielgeschehen in Mode. Seit jeher beliebt ist auch das Sammeln von Autogrammen.

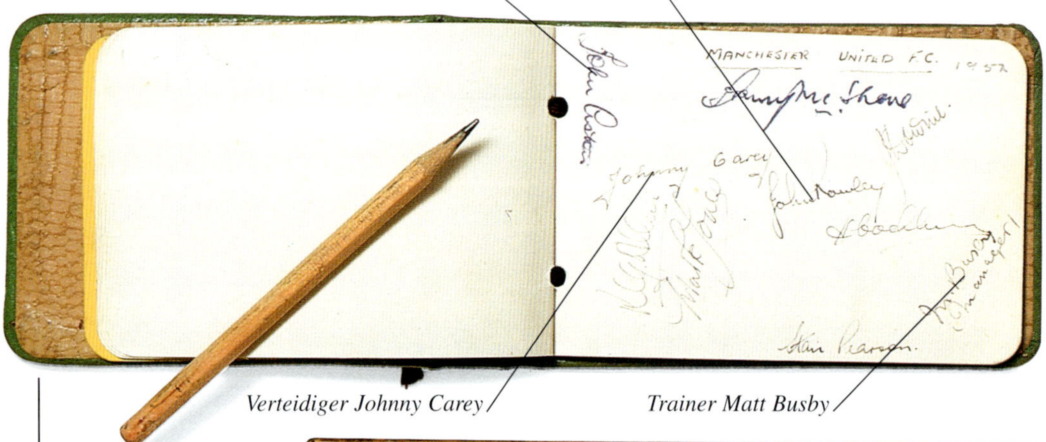


*Verteidiger John Aston*

*Stürmer Jack Rowley*

*Verteidiger Johnny Carey*

*Trainer Matt Busby*

Autogrammalbum aus den 1950er-Jahren, signiert von prominenten Spielern von Manchester United/ England

Spardose für Kinder

Griffelkasten aus Holz

Ratsche für Erwachsene

*Ursprünglich vertrieb man mit Ratschen Vögel.*

*Das Oberteil dreht sich um den Griff.*

*Zunge und Zahnrad erzeugen das Geräusch.*

Kinderratsche

Ratsche eines Luftschutzwarts

*Im Krieg warnte die Glocke vor einem Luftangriff.*

Glocke eines Luftschutzwarts

**UNÜBERHÖRBAR**
Wenn man die Ratsche im Kreis schwingt, dreht sich das Querteil um den Griff. Dabei schnalzt die Zunge über die Zähne des Zahnrads; das ergibt das laute „Ratschen“. Ab den 1960er-Jahren kamen die „Gruppenchöre“ auf. Weil man damit jemanden verletzen könnte, sind Ratschen auf den Tribünen heute nicht mehr erlaubt.

Mit Fußballszene bemalte Kinderrassel

**LAUTER!**
Schon vor 1940 feuerten die Zuschauer „ihre“ Mannschaft durch Lärm an. Die Ratsche und die Glocke gehörten zur Ausrüstung eines Luftschutzwarts. 1946, nach dem Krieg, brachte ein Fan von Derby County sie zu einem FA-Cup-Spiel mit.

**SAMBATROMMELN**
Lange bevor die Fans der restlichen Welt Trommeln und Körperbemalung für sich entdeckten, waren die brasilianischen Fans für die heftige Art berühmt, auf die sie ihr Team unterstützen. Sie trommeln Sambarhythmen, trillern und pfeifen und tanzen dazu – besonders, wenn ihre Elf gewinnt.

**KRIEGSBEMALUNG**
Bei Länderspielen steht Farbe hoch im Kurs. Auf unserem Foto (rechts) scheinen sich zwei fußballbegeisterte Afrikaner bei einem Spiel des Afrikan-Cups der Nationen sehr gut zu unterhalten. Besonders beliebt ist die Gesichtsbemalung bei niederländischen, dänischen und japanischen Anhängern.

# Der Spieltag

Französische Anzeigetafel aus dem frühen 20. Jh.

Die Atmosphäre eines wichtigen Spiels, die vielen Menschen, der Lärm und der geringe Abstand zwischen Fußballern und Zuschauern wirken so elektrisierend, dass man danach süchtig werden kann. Obwohl alle großen Spiele im Fernsehen übertragen werden, gehen die Fans, wenn sie nur irgend können, ins Stadion. Weil sie ebenso abergläubisch sind wie die Sportler, folgen sie dabei immer der gleichen Routine. Die Unterstützung durch das Publikum ist wichtig für die Spieler und deshalb geben die Clubs sich Mühe für die Besucher angenehme Bedingungen zu schaffen.

**IM SONNTAGSSTAAT**
Hier haben sich die Fans von West Ham/England vor ihrer Fahrt zum Pokal-Finale 1923 aufgestellt. Dieses Spiel war das erste in Wembley und hatte wesentlich mehr Zuschauer als die erlaubten 123.000. Auf dem Foto fallen die elegante Kleidung der Fans und die geringe Zahl der Frauen auf.

*Bei den Europameisterschaften 1988 gewann Holland im Endspiel 2:0 gegen die UdSSR.*

**LESEFUTTER**
Stadionzeitungen stellen für die Clubs eine zusätzliche Einnahmequelle dar. Während sie früher nur aus einem bedruckten Blatt mit der Mannschaftsaufstellung bestanden, enthalten sie heute Informationen über die Spieler und Trainer beider Mannschaften. Werbung hat beim Fußball schon immer eine Rolle gespielt; die Reklame in der Stadionzeitung trägt zu ihrer Finanzierung bei.

*Um das Fälschen zu erschweren, tragen Eintrittskarten Hologramme und komplizierte Grafiken.*

**KARTEN, BITTE!**
Über den Kartenverkauf kann man die Anzahl der Zuschauer kontrollieren und notfalls beschränken. Früher, als es ausschließlich Stehplätze gab, war dies nur bei Pokalfinalen und bei der WM notwendig. Seit es die großen Tribünen und Sitzplätze gibt, sind Karten und Sitze nummeriert.

**SHOWBUSINESS**
Um die Spiele noch attraktiver zu gestalten, veranstalten die Clubs vor dem Anpfiff und in der Pause inzwischen regelrechte Shows. Während früher eine schlichte Blaskapelle genügte, werden dem Publikum heute immer aufwändigere Effekte präsentiert; hier, bei der WM-Eröffnung 1998 in Frankreich, waren es riesige Fußbälle.

**FAMILIENFEST**
In den USA sind ein Großteil der Fußballfans Frauen und Kinder und der Besuch eines Spiels ist ein Familienausflug. Bei den Spielen der Oberliga geht es meist hoch her. Orchester und Tanzgruppen unterhalten die Zuschauer. Das Foto (oben) entstand bei einem Spiel im Stadion der Kansas City Wizards.

Offizielles Abzeichen (1905)

Offizielles Abzeichen des FA (1903)

*Diese Abzeichen sind aus Stoff mit Goldstickerei.*

FA-Abzeichen (1898)

*Die drei englischen Löwen*

Dieses Abzeichen wurde beim Spiel England gegen Schottland getragen (1899).

**ZUTRITT VERBOTEN!**
Bestimmte Bereiche des Stadions dürfen nur von Berechtigten betreten werden, wie z.B. der Sitzungssaal des Vorstands. Funktionäre trugen auf ihren Jacketts die hier abgebildeten Abzeichen aus den Jahren 1898–1905.

**FREUND UND HELFER**
Polizisten und anderes Sicherheitspersonal wachen bei den Spielen über die Sicherheit von Aktiven und Zuschauern. Um große, erregte Mengen unter Kontrolle zu halten, setzt die Polizei gelegentlich Hunde oder Pferde ein. Außerhalb des Stadions regelt sie den Verkehr, wenn viele Besucher von auswärts kommen.

**NACH DEM SPIEL**
Diese Abbildung stammt von einer Postkarte Anfang des 20. Jh.s. Unter der Zeichnung steht: „Unsere Mannschaft hat mit ... Toren gegen ... verloren.“ Die Leerstellen konnten mit aktuellen Angaben ausgefüllt werden. Mag der Ausgang eines Spiels noch so traurig sein – ein richtiger Fan freut sich trotzdem schon aufs nächste.

# Das Stadion

**ZWILLINGS-TÜRME**
Die berühmten Zwillingstürme von Wembley werden nicht in das neue Stadion integriert, das für das 21. Jh. gebaut wird.

Bereits Ende des 19. Jahrhunderts kamen zu den Spielen so viele Zuschauer, dass die Vereine feste Spielplätze anlegen mussten, die auch dem Publikum Platz boten. Somit waren Stadien zu einer Notwendigkeit geworden. Sie boten den Besuchern Schutz vor Sonne und Regen und trugen zum Entstehen der besonderen Atmosphäre bei einem Spiel bei. Eine Reihe von Stadion-Katastrophen, die sich im Laufe der Jahre ereigneten, u.a. in Schottland, Peru und der UdSSR hatten zur Folge, dass die Bauweise der Tribünen verändert und nummerierte Sitzplätze eingeführt wurden.

**ES WURDE LICHT**
Das erste Flutlicht gab es bereits 1878, aber erst in den 1950er-Jahren wurden Flutlichtanlagen von allen Proficlubs eingesetzt. Früher waren die Scheinwerfer auf Masten an den Ecken des Stadions angebracht, heute hängen sie meist in Reihen an den Tribünendächern.

SHEFFIELD WEDNESDAY F.C.

**FUSSBALL-TRAGÖDIE**
Am 15. April 1989 wurden beim Pokal-Halbfinale im Hillsborough-Stadion in Sheffield 96 Fans von der Menge zu Tode getrampelt. Anhand der Untersuchungsergebnisse des Unglücks wurden neue Richtlinien für den Bau von Sportstadien entwickelt, um die die Sicherheit des Publikums zu gewährleisten.

**WM-WUNDER**
Das Maracanã-Stadion in Rio de Janeiro/Brasilien wurde für die WM 1950 erbaut. Das riesige Oval aus Beton wird immer noch bestaunt, obwohl seine Instandhaltung mittlerweile auch Probleme bereitet. Alle Clubs von Rio haben ihre eigenen Stadien, kommen aber für wichtige Spiele ins Maracanã. Mit 120.000 Zuschauerplätzen ist es eines der größten der Welt.

**HOCH-SITZE**
1957 zog der FC Barcelona von seinem Les Corts-Stadion ins spektakuläre Nou Camp um. Umbauten anlässlich der WM 1982 und der Olympiade 1992 fügten den Tribünen oben noch weitere Sitzreihen in Schwindel erregender Höhe hinzu.

**GANG DURCH DEN TUNNEL**
Der Tunnel ist für die Sportler mehr als nur Zugang zum Spielfeld. Hier bereiten sie sich innerlich auf das Spiel vor. Manche sind abergläubisch und bestehen auf immer den gleichen Platz in der Reihe; andere ziehen erst im letzten Moment ihre Trikots an.

*Scheinwerfer am Tribünendach*

*Das Dach „hängt“ an dieser Stahlkonstruktion.*

*Der Mast ist in die Tribünenkonstruktion integriert.*

## AUF DEM LETZTEN STAND

Moderne Tribünen werden mithilfe von Computerprogrammen konstruiert; dabei wird überprüft, ob die Zuschauer später von jedem Sitz aus Sicht auf den Platz haben. Die Gestaltung der Sitze ist immer ein Problem, denn sie sollen bequem, aber nicht zu breit sein.

## STANDFESTE FANS

Bevor Stadien mit Sitzplätzen eingerichtet wurden, mussten die Zuschauer auf den Tribünen stehen. Dafür hatten mehr Menschen Platz. Kinder wurden von hinten nach vorne über die Köpfe der Menge durchgereicht, damit sie auch etwas sehen konnten.

## ARCHITEKTENTRAUM

Das Stade de France in St. Denis im Norden von Paris wurde für die WM 1998 errichtet. 80.000 Zuschauer waren bei dem Eröffnungsspiel zwischen Brasilien und Schottland zugegen. Das Aufsehen erregende Design des Stadions wurde sehr gelobt. Die ovale Dachkonstruktion umschließt den Platz, ganz im Stil der antiken Amphitheater; diese Bauweise ist in Europa und Südamerika allgemein beliebt.

*Mehrere Sitzränge*

*Tore für Rettungswagen*

*Selbstdrehende Werbetafeln an der Spielfeldumrandung*

**MASKOTTCHEN**
Seit 1966 hat jede WM ihr Maskottchen: lebensgroß bei der Eröffnung und in allen Formaten als Spielzeug und Reklamefigur. Das hier ist Pique aus Mexiko (WM 1986).

# Die Weltmeisterschaft

Die Fußballweltmeisterschaft ist eines der wichtigsten Sportereignisse unserer Tage. Die erste WM fand 1930 in Uruguay statt, 26 Jahre nachdem diese Idee in der FIFA zum ersten Mal diskutiert worden war. Anfangs war es noch nicht allen geladenen Mannschaften möglich an den Austragungsort zu kommen. Je mehr Länder später teilnahmen, desto beliebter wurde die WM. Beim Finale 1950 im Maracaná-Stadion in Rio saßen 200.000 Zuschauer auf den Tribünen. 1958 wurde der Brasilianer Pelé, erst 17 Jahre alt, durch die WM zum Superstar. Seither ist das weltweite Interesse an der WM beständig gewachsen.

**DIE ERSTEN**
Uruguay erbot sich, den 13 teilnehmenden Mannschaften Reise und Unterkunft zu zahlen. Nur vier europäische Teams wagten die Reise und traten gegen sieben südamerikanische Mannschaften an.

1954 – Schweiz. Die BRD siegte 3:2 in einem der spannendsten WM-Finale gegen Ungarn.

1958 – Schweden. Brasilien besiegte Schweden 5:2. Als einzige Elf spielte Brasilien in jeder WM-Endrunde mit.

1950 – Brasilien. Uruguay schlug Brasilien 2:1 in dieser ersten WM nach dem 2. Weltkrieg.

1962 – Chile. Brasilien errang ein 3:1 gegen die Tschechoslowakei; Garrincha sprang für den verletzten Pelé ein.

1938 – Frankreich. Italien siegte 4:2 gegen Ungarn, nicht zuletzt durch Stürmer Meazza.

1966 – England. Die BRD verlor in der Verlängerung 4:2 gegen den Gastgeber; Geoff Hurst erzielte den ersten Hattrick in einem Finale.

1934 – Italien. Die Tschecheslowakei verlor 2:1 gegen Italien; Uruguay konnte den Titel nicht verteidigen.

1970 – Mexiko. Brasilien schlug Italien 4:1 und bewies sich als beste Elf aller Zeiten.

1930 – Uruguay. Durch den 4:2-Sieg gegen Argentinien gewann Gastgeber Uruguay die WM.

1974 – BRD. Die Niederlande unterlagen der BRD 2:1. Das 0:1 glich Breitner aus, Müller schoss das Siegestor.

**ORTSWECHSEL**
Viele Länder bewerben sich darum, Gastgeber einer WM zu sein, weil sie dem Land Besucher und Ansehen bringt. Die Endspiele 2002 fanden erstmalig in zwei Ländern, Japan und Südkorea, statt. Im Finale schlug Brasilien Deutschland mit 2:0.

*Argentinien 1978 – unvergesslich dank der Konfettiparade im River-Plate-Stadion*

1878 – Argentinien. Die Niederlande verloren gegen Argentinien 3:1; wurden so zur besten Mannschaft, die nie die WM gewonnen hatte.

1982 – Spanien. Italien schlug die BRD 3:1; die meisten Tore des Turniers schoss Paolo Rossi.

*Als erstes Land war Mexiko zweimal Gastgeber der WM.*

1986 – Mexiko. Die BRD unterlag Argentinien mit 3:2 in einem von Diego Maradona beherrschten Spiel.

*Das Maskottchen von Italien 1990 hieß Ciao.*

1990 – Italien. Deutschland siegte 1:0 gegen Argentinien – in einem leider sehr defensiven Spiel.

1994 – USA. Brasilien errang seinen 4. WM-Titel durch ein 3:2 gegen Italien im Elfmeterschiessen nach torlosem Spiel.

1998 – Frankreich. Überraschend deutlich schlug der Gastgeber Brasilien 3:0.

*Die Goldene Siegesgöttin*

*Die Trophäe war aus massivem Gold.*

*Eingravierte Inschrift in französischer Sprache*

Jules-Rimet-Cup

**WANDERPOKAL**
Der Entwurf stammt von dem französischen Bildhauer Abel Lafleur; 1946 wurde der Pokal nach dem FIFA-Präsidenten Jules Rimet benannt. Der vor der WM 1966 in England entwendete Pokal wurde von einem Hund namens Pickles ausgegraben. Nach dreimaligem Titelgewinn ging er 1970 endgültig an Brasilien, wurde dort 1983 wieder gestohlen und ist seither verschwunden.

*Zur WM 1994 in den USA strömten die Zuschauer nur so herbei.*

*1990 in Italien sorgten die Fans für mehr Aufregung als manche Spiele.*

*Gastgeber Schweden schaffte es 1958 bis ins Endspiel, wurde aber schließlich von den Brasilianern geschlagen.*

**ZUM NACHLESEN**
WM-Programme berichten nicht nur über ein Spiel, sondern über den gesamten Wettbewerb. Sie enthalten Informationen über die teilnehmenden Mannschaften und werden in mehreren Sprachen herausgegeben. Die abgebildeten Programme stammen von den WMs in Schweden 1958, England 1966, Spanien 1982, Italien 1990 und USA 1994.

*Didi*

*Pelé war 1958 erst 17 Jahre alt.*

*Garrincha*

*Vavá war Mittelstürmer.*

*Der Linksaußen Zagalo schoss das vierte Tor im Endspiel.*

**EIN SCHÖNES SPIEL**
Bei der WM-Endrunde 1958 wurde klar, dass die brasilianische Mannschaft eine der besten aller Zeiten war. Ihre Stürmerreihe war fast unschlagbar: Garrincha, Didi, Vavá, Pelé und Zagalo. Mario Zagalo wurde später Trainer der Nationalmannschaft und hatte somit großen Anteil an ihren WM-Siegen 1970 und 1994.



*Fortsetzung auf der nächsten Seite*

*Fortsetzung von Seite 47*

**WIR BRAUCHEN DIE WM**
Dies war das Poster für das WM-Turnier 1962 in Chile. Eine Reihe von Erdbeben ließ die Eignung des Austragungsorts fraglich erscheinen, aber der Präsident der chilenischen Fußballvereinigung Carlos Dittborn sagte: „Wir haben nichts; deshalb brauchen wir die WM.“ Tatsächlich wurde alles gut organisiert und Dramen fanden nur auf dem Spielfeld statt; berühmt wurde „die Schlacht von Santiago“ zwischen Italien und Chile, bei der zum Schluss nur noch neun Italiener auf dem Platz waren. Chile gewann 2:0 und wurde Dritter.

*World Cup Willie inspirierte Lonnie Donnegan zu einem WM-Lied.*

*Der „Union Jack“ ist die Fahne Großbritanniens.*

*World Cup Willie leitet sich von den Löwen im englischen Wappen ab.*

**GELDBRINGER**
World Cup Willie war das erste WM-Maskottchen. Er wurde für die Endspiele 1966 in England geschaffen und symbolisiert auch das zunehmende Interesse der Wirtschaft an den Spielen. Die späteren WM-Maskottchen kamen als Figuren und Poster in den Handel und in die Werbung.

*Der Globus krönt die Trophäe.*

*Die Trophäe wurde von dem Italiener Silvio Gazzaniga entworfen und ist aus massivem 18-karätigem Gold.*

*Die Trophäe ist 50,8 cm hoch und wiegt 9 kg.*

Kopie des FIFA World Cup

**NEUER POKAL**
Der neue Pokal wurde für die WM 1974 in der BRD angefertigt. In Anerkennung des dreimaligen WM-Siegs hatte Brasilien den Jules-Rimet-Cup behalten dürfen. Die neue Trophäe wurde von der FIFA in Auftrag gegeben, obwohl Brasilien angeboten hatte, sie zu stiften und nach dem FIFA-Präsidenten Sir Stanley Rous zu benennen.

**POSITIV DENKEN**
Die argentinischen Gastgeber beeindruckten die Fans mit ihrer positiven Einstellung. Der Star ihrer Siegermannschaft war Mario Kempes, der in Europa Profifußball spielte.

**AMATEURE AUS AMERIKA**
Obwohl es in den USA noch nicht lange Profi-Fußball gibt, waren die USA 1994 Gastgeber der Endrunde. Bei den Spielen waren zahlreiche begeisterte Zuschauer zugegen. Hier (links) eine Eintrittskarte für das Spiel Italien gegen Mexiko, das im RKF-Stadion des American Football Teams Washington Redskins stattfand.

*Wappen der spanischen Fußballvereinigung*

Informationsmaterial für Spanien 1982

*Karten mit Stadionansichten*

**ANSTRENGENDE GÄSTE**
Mehrere Jahre im Voraus bewirbt sich ein Land um die WM und versucht die FIFA davon zu überzeugen, dass es in der Lage ist, alles gut zu organisieren. Für das Publikum werden Informationen über alle Aspekte der Spiele sowie über die Stadien, über Unterbringung und Verkehrsverbindungen zusammengestellt.

*Die bunten Kugeln können auch Fernsehzuschauer gut erkennen.*

*Jede Kugel enthält einen Papierstreifen mit dem Namen einer Mannschaft.*

**WER GEGEN WEN?**
Mit Plastikkugeln wird ausgelost, wer in den Endrunden gegen wen spielt. Die Zahl teilnehmender Mannschaften ist zwischen 1930 und 2002 von 13 auf 32 angewachsen. Jedes Team tritt in den Gruppenspielen der ersten Runde zurzeit gegen drei Gegner an. Im weiteren Verlauf der WM werden die Spiele nach dem K.o.-System ausgetragen, bis für das große Finale nur noch zwei Mannschaften übrig sind.

**EINGESACKT**
Dieser Beutel wirbt für die WM 2002, die in Japan und Südkorea ausgetragen wurde. Damit gab es zum ersten Mal zwei Gastgeber für eine WM. Indem es sich mit Japan Kosten und Verantwortung teilte, konnte auch das kleine Südkorea WM-Geschichte machen.

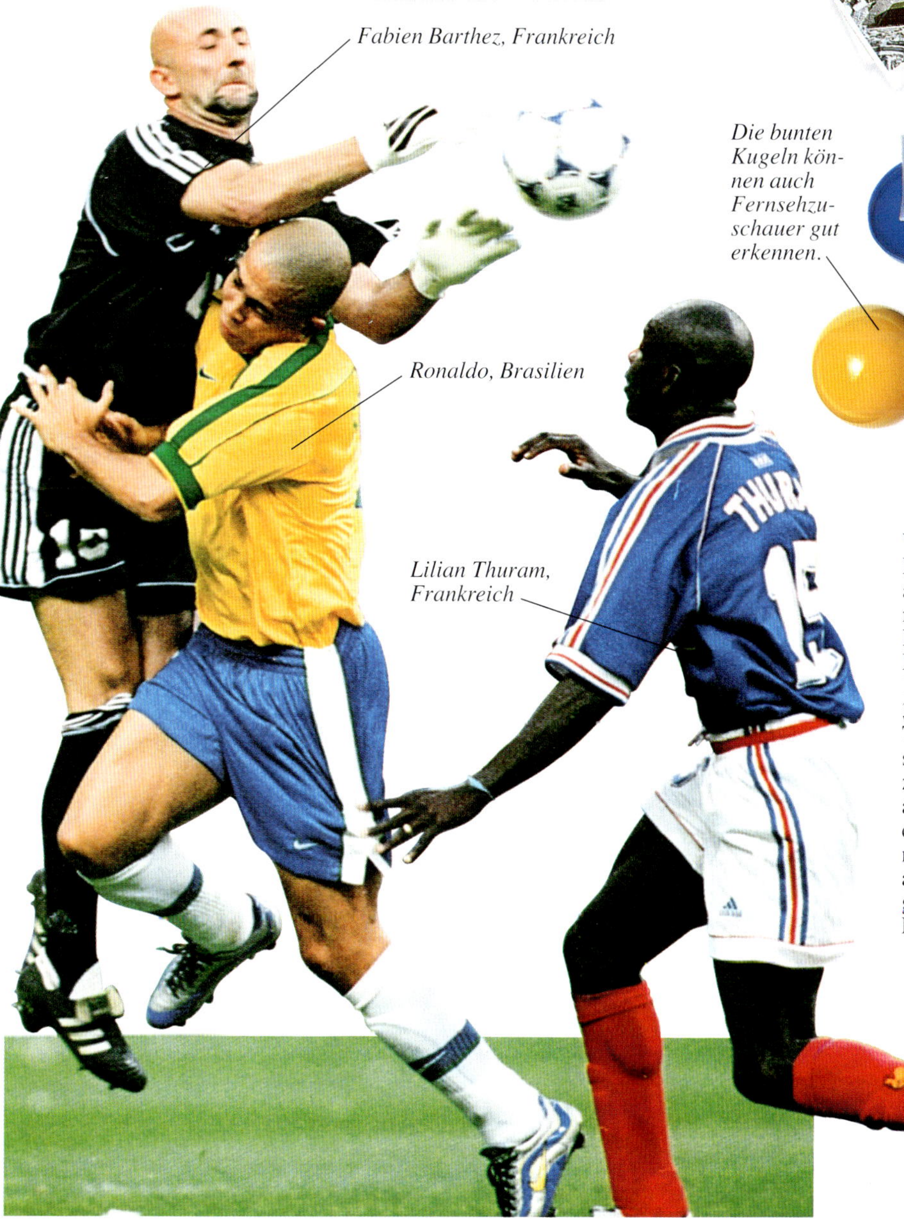

*Fabien Barthez, Frankreich*

*Ronaldo, Brasilien*

*Lilian Thuram, Frankreich*

**FRANKREICH IN AKTION**
Alle erwarteten, dass Brasilien 1998 seinen Titel verteidigen würde, aber die Sorge um Ronaldos Verfassung lenkte die Mannschaft im Finale ab. Frankreich siegte und Fabien Barthez hatte Gelegenheit, durch seine brillanten Abwehrkünste seinem Ruf als ausgezeichneter Torwart alle Ehre zu machen.

# Pokale

**OLYMPMISCHER FUSSBALL**
Dieses Abzeichen stammt von einer frühen Olympmpiade. Seit dem Jahre 1900 gibt es olympische Medaillen auch für Fußballer, allerdings nahmen erst 1912 mehr als zwei Mannschaften teil.

Der Augenblick, in dem ein Mannschaftskapitän eine Trophäe überreicht bekommt und sie hoch hält, um sie den Fans zu präsentieren, ist die Krönung jedes Wettkampfes. Pokale oder andere Trophäen sind die Symbole des Erfolgs und die Manager moderner Vereine wissen, dass sie einen Wettbewerb gewinnen müssen, um im Geschäft zu bleiben. Für Mannschaften wie Real Madrid, Benfica Lissabon oder Bayern München ist ein zweiter Platz schon eine Niederlage. Das Bestreben, die Einnahmen zu verbessern, hat z.B. dazu geführt, dass aus dem Europapokal der Landesmeister die Champions League wurde, in der die Mannschaften mehr attraktive Spiele bestreiten.

**RANDALE**
Seit 1956 wird der Wettbewerb um den Europapokal der Landesmeister ausgetragen. Heute spielen die landesbesten Mannschaften in der Champions League. Beim Pokalendspiel 1985 im Heysel-Stadion in Brüssel starben 39 Zuschauer, nachdem bei Auseinandersetzungen zwischen Fans von Juventus Turin und Liverpool eine Mauer eingestürzt war.

Programm für das Finale des Europacups der Landesmeister 1985

*Eckfahnen als dekorative Elemente*

**FRÜHER POKAL**
Diese versilberte Trophäe aus den 1870er-Jahren gehört zu den ältesten Fußballpokalen. 1872 fand in England der erste Wettkampf um den FA Cup statt; bald darauf wurden überall in England und Schottland Turniere für kleinere Vereine veranstaltet.

**VOLLES HAUS**
Bei der Damenweltmeisterschaft 1999 in den USA spielten die Frauen vor voll besetzten Rängen. Das Finale fand im Pasadena Rose Bowl Stadion statt. Hier erkämpft sich Cindy Parlow den Ball von einer chinesischen Spielerin. Die USA gewannen zum zweiten Mal die WM.

*Der vergoldete Women's World Cup ist von einem Globus gekrönt.*

*Triumphierend wird die Trophäe hoch gehalten.*

**WM DER DAMEN**
Die erste WM der Frauen fand 1991 in China statt. Beim Endspiel in Guangzhou siegten die USA mit 2:1 über Norwegen. Der Wettkampf hatte zahlreiche Höhepunkte; auch zu den folgenden Veranstaltungen 1995, 1999 und 2003 kamen zahlreiche Zuschauer. Die Trophäe rechts erhielten die USA 1999. Deutschland wurde 2003 Weltmeister.

**BLECHGÖTZE**
Der erste FA Cup (links) wurde in England auch „Kleiner Blechgötze" genannt. 1895 wurde er aus einer Geschäftsauslage gestohlen und nie wieder gefunden. Der gegenwärtige Pokal der FA (rechts) wurde 1911 in Bradfort/England hergestellt.

*Der silberne UEFA-Pokal ist mit Fußball spielenden Figuren verziert.*

*Rings um den Fuß sind die Namen früherer Sieger eingraviert.*

**VON SIEG ZU SIEG**
Seit 1957 finden die Spiele um den Afrika-Nationencup alle zwei Jahre statt. Inzwischen nehmen 16 Mannschaften teil. Der ägyptische Stürmer Hassan Hossam hält hier nach dem Sieg seiner Mannschaft über den Titelverteidiger Südafrika den Pokal, den Ägypten soeben zum vierten Mal gewonnen hat.

**COPA AMÉRICA**
Die Copa América ist das älteste größere internationale Turnier. Zunächst nahmen nur südamerikanische Mannschaften Teil, später auch Mexiko. Den ersten offiziellen Pokal gewann 1916 Uruguay, das zusammen mit Argentinien bei diesen Meisterschaften am häufigsten siegte. Brasilien ließ hier nicht immer die beste Besetzung antreten. Seit 1987 findet dieses Fußballturnier alle zwei Jahre statt.

**EUROPÄISCHE WETTBEWERBE**
Seinen Ursprung hat der UEFA-Pokal im sog. Messepokal, der von 1955 bis 1971 ausgespielt wurde. Er ist der älteste europäische Wettbewerb für Vereinsmannschaften. 1971 übernahm die UEFA (Union der europäischen Fußballverbände) die Organisation. Seit der Europapokal der Pokalsieger 1999 abgeschafft wurde, gibt es nur noch zwei Wettbewerbe für europäische Clubs: die Champions League für die landesbesten Mannschaften und den UEFA-Pokal für die Zweitplatzierten und für eine bestimmte Zahl weiterer Mannschaften.

*Die Namen der Siegermannschaften sind auf Plaketten am Fuß des Pokals eingraviert.*

Zwei „Kicker" aus Blei (frühes 20. Jh.)

# Spiele zum Spiel

Generationen von Kindern hatten ihre ersten Kontakte mit Fußball durch Karten- und Brettspiele und durch das Tischfußballspiel Subbuteo. Wegen der Beliebtheit des Fußballsports lassen sich neue Spiele und Produkte mit Fußballthemen glänzend verkaufen – besser als Spiele zu jedem anderen Sport. Die einfachen Spielsachen der Vergangenheit, die hier zu sehen sind, die Würfelspiele, Quartett- und Schnippschnapp-Karten, die kleinen Fußballer aus Blech oder Plastik, stehen in einem krassen Kontrast zu den schnellen und aufregenden neuen Computerspielen. Heute können Kinder und Erwachsene mit Playstations, Computern und an Spielautomaten virtuellen Fußball spielen und dabei ganz die Rollen ihrer Idole übernehmen.

*Die Spielfiguren waren aus Metall und mussten viel aushalten.*

*Im Aus gibt es Punkteabzug.*

*Hier werden die Kugeln hinaufgeschossen.*

**KUGELSPIEL**
Durch vorsichtiges Bewegen versuchte man die Kugel in eines der Löcher rollen zu lassen (England, frühes 20. Jh.).

**TRENCH FOOTBALL**
Englische Soldaten im 1. Weltkrieg spielten dieses Spiel. Der Ball musste vorsichtig an den deutschen Generälen vorbeigerollt werden.

**STREICHHOLZ-SCHACHTEL**
Das wohl kleinste Fußballspiel der Welt, um 1930 in Japan hergestellt: Wenn die Schachtel geöffnet wird, springen die Fußballer heraus.

**FLIPPER**
Bei diesem Spiel aus den 1950er-Jahren werden mithilfe einer Feder, die mit dem Griff rechts unten verbunden ist, Kugeln über das Spielbrett geschnellt. Wo sie in Löcher rollen, gibt es Punkte.

**KICKER**
Die hier abgebildeten Männchen gehören zu einem Kickspiel, das um 1900 hergestellt wurde. Sie spielten auf einem Spielfeld aus grünem Stoff mit zwei Toren mit Netzen. Wenn man die Figuren nach unten drückt, schießen sie den Ball. Neuere Spiele folgen dem gleichen Prinzip.

**SCHNIPPSCHNAPP**
Jeder Spieler versucht so viele Karten wie möglich zu sammeln. Die Spieler drehen die verdeckten Karten um; wenn zwei gleiche erscheinen, bekommt derjenige, der zuerst „Schnippschnapp“ sagt, den Stapel.

**MECHANISCHER SPIELER**
Dieses Spielzeug zum Aufziehen wurde Anfang der 1950er-Jahre in der BRD hergestellt. Wenn man ihn aufgezogen hat, bewegt sich der kleine Mann dribbelnd vorwärts. Der Dress ist typisch für die europäische Fußballkleidung der Zeit.

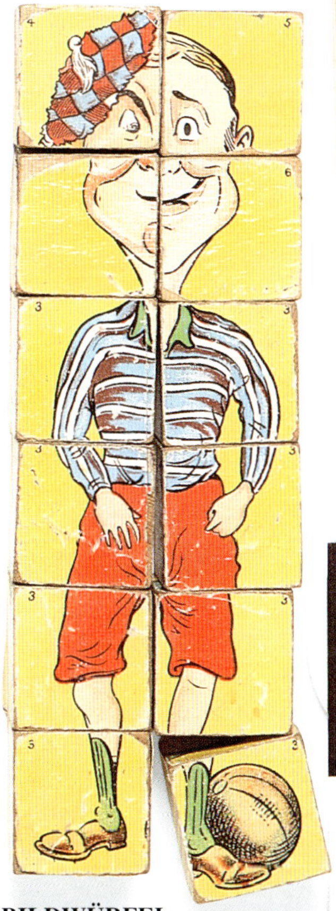

**BILDWÜRFEL**
Auf jeder Würfelseite ist ein Ausschnitt aus einem anderen Bild. Wenn man sie vermischt, entstehen lustige Figuren. Die Kleidung des Spielers ist typisch für das Herstellungsjahr 1895.

**CHAMPIONS!**
Dieses englische Spiel namens Championship Soccer kam 1983 auf den Markt. Mithilfe von zwei klassischen Elementen aller Brettspiele – Würfel und Karten – wird der Ball über das Feld bewegt. Mit zum Spiel gehören auch eine Anzeigetafel und eine Uhr.

# Fanartikel

Die silberne Streichholzbox wirbt für den englischen Senfhersteller Colman's.

Fußball hat auf der ganzen Welt viele Anhänger, Männer und Frauen jeden Alters. Deshalb eignet sich dieser Sport sehr gut, um eine Vielzahl von Waren zu vermarkten. Auf den Fußball bezogene Werbung ist keine sehr neue Idee: Schon in den ersten Jahren dieser Sportart war Herstellerfirmen und Werbefachleuten bekannt, wie gut sich das beliebte Spiel als Reklamesymbol eignet. Bis in die 1950er-Jahre herrschte in der Werbung mit Fußball ein eigener, origineller Stil vor. Heute dagegen wird fast ausschließlich mit den Namen und Fotos von großen Fußballstars und berühmten Clubs geworben.

*Bank Top White Star*

*Wednesday (später Sheffield Wednesday)*

*Nationalmannschaft (Wales)*

*Chadderton*

*Hearts (Schottland)*

**SAMMELKARTEN**
Diese Sammelkarten wurden um 1900 in England gedruckt – und gesammelt. Sie gehören mit zu den Vorläufern unserer modernen Sticker. Vorne trugen sie die Embleme von Fußball- oder Rugbyclubs; auf der Rückseite waren Werbetexte.

**SPORTDOSE**
Um 1930 wurden Bilder mit Sportmotiven gerne auf Gegenstände des alltäglichen Gebrauchs aufgedruckt oder -geklebt. Der Deckel dieser Dose ist dem Fußball gewidmet, Bilder von anderen Sportarten zieren die Dosenwand.

*Überdachte Zuschauertribünen sind in Südeuropa selten.*

*FIFA-Logo für die WM in Italien 1990*

**SOUVENIRS**
Nicht nur Programmhefte und Eintrittskarten halten die Erinnerung an die WM wach, auch kleine Gebrauchsgegenstände wie diese Radiergummis werden gerne mit nach Hause genommen.

**FÜR FÄCHER-FANS**
Dies ist ein spanischer Fächer aus Barcelona. Auf die eine Seite ist eine Fußballszene aufgedruckt, auf die andere Werbung. Fußballbegeisterte Damen fächelten sich damit in den 1950er-Jahren bei heißen Spielen Kühlung zu.

**WIE FLASCHE VOLL**
Hier hat der Hersteller eines italienischen Aperitifs die Flasche mitten in eine dynamische Fußballszene hineingestellt, anstatt den Fußball in das Design des Etiketts einzuarbeiten.

**ZAUBERTRANK**
Beide Getränke enthielten keine magischen, Fußballer stärkenden Zutaten. Doch hofften die Hersteller, das Wort „Fußball" im Produktnahmen würde den Absatz fördern.

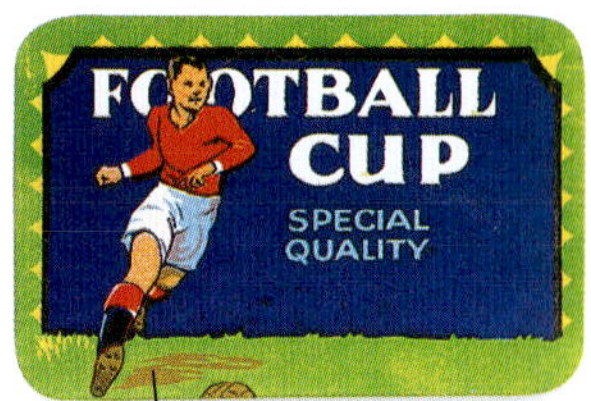


*Dieses Etikett stammt von einem Fruchtsaftgetränk, das als ideale Erfrischung für die Halbzeit angepriesen wurde.*

*Das Bild soll den Kunden glauben lassen, dass dieses Bier Kraft, Ausdauer und Gesundheit stärkt.*

*Lokomotive der Klasse B17*

*Namensplakette*

## MANNSCHAFTSZUG

Der englische Spielzeughersteller Hornby brachte eine Serie von maßstabsgetreuen Modellen der London North Eastern Railway auf den Markt, die nach Fußballclubs benannt waren. Hier abgebildet ist der *Manchester United.* Auch richtige Züge heißen in England manchmal nach Clubs.

Banks Johnstone Jennings England Best

## BENZINSTARS

Eine britische Tankstellenkette ließ 1971 diese Miniaturbüsten bekannter englischer Fußballer herstellen und verschenkte sie an ihre Kunden.

*Das Spielbein ist der Minutenzeiger.*

Taschenuhren

Wecker

## SPIELZEIT

Hier abgebildet sind eine Schweizer Taschenuhr aus Genf (um 1910), eine englische Taschenuhr aus den 1950er-Jahren und ein etwas modernerer Wecker. Design und verwendetes Material richteten sich danach, ob die Uhr für Erwachsene oder für Kinder gedacht war.

## OLYMPIAUHR

Diese deutsche Uhr aus Holz könnte als Andenken an die Berliner Olympiade von 1936 hergestellt worden sein, bei der Italien Österreich im Endspiel 2:1 schlug. Die Figuren bewegen sich zur vollen Stunde.

Kette

Medaillon

Kompass

*An der Kette war Platz für weitere Anhänger.*

## FUSSBALL-ANHÄNGER

Auch Schmuckstücke können wie Fußballsymbole geformt sein. Hier hängen vier silberne Anhänger an einer Kette. Medaillon und Kompass entstanden um 1880.

## SPORTSEIFE

Avon vertrieb anlässlich der WM 1966 in England diesen Fußball aus Seife in einer Geschenkpackung.

## AUFGEWICKELT

Der kupferne Bindfadenbehälter in Fußballform (um 1880) sorgte für Ordnung. Der Faden wurde durch ein Loch gezogen.

*Zwei Hälften mit Vorder- und Rückseite des Spielers*

## SÜSSER KICKER

In diese zweiteilige Hohlform wurde geschmolzene Schokolade gegossen; auf diese Weise werden auch Nikoläuse, Osterhasen usw. hergestellt. Der Fußballer aus Schokolade war ein Verkaufsschlager und vor allem bei Kindern beliebt.

# Fußball als Geschäft

Mit Fußball kann man Geschäfte machen: Die Fans besuchen die Spiele in Scharen, Artikel mit dem Clubemblem werden weltweit vertrieben, Trainer, Funktionäre und Profis verdienen sehr viel Geld. Die ersten professionellen Spieler der 1880er-Jahre erkannten die finanziellen Möglichkeiten des Sports, ohne jedoch am Fußball selbst etwas zu verändern. Das Spiel bot den zahlenden Zuschauern preiswerte Unterhaltung und gab den Aktiven die Möglichkeit, sich damit ihren Lebensunterhalt zu verdienen, aber nicht unbedingt sehr reich zu werden. Das hat sich heute grundlegend geändert – Spitzenspieler können in wenigen Jahren Millionäre werden.

**BILLYS BESTECHUNG**
Billy Meredith, der Träger dieses Nationaltrikots und bester Fußballer seiner Zeit, wurde zusammen mit einigen Teamkollegen von Manchester City 1905 für ein Jahr gesperrt, weil sie angeblich den Kapitän von Aston Villa bestochen hatten, ein wichtiges Spiel zu verlieren. Dies war einer der ersten Fußballskandale.

**LIEBLINGSHEMDEN**
Repliken von Spielerhemden sind für die Clubs zu einer wichtigen Einnahmequelle geworden. Es gibt Klassiker und immer wieder neue Modelle, je nachdem, welche Mannschaft gerade besonders beliebt ist. Die Vereine autorisieren den Verkauf von hunderten von verschiedenen Artikeln in ihren Farben, von Babysachen über Süßigkeiten bis hin zu Fahrrädern, und Fans in aller Welt decken sich gerne damit ein.

Ruud Gullit, hier bei einem Freundschaftsspiel, spielte manchmal auch für die Mannschaften, deren Trainer er war.

*Markenzeichen des Clubsponsors, einer Brauerei.*

*Sogar die Schienbeinschützer unter den Stutzen tragen den Namenszug des Herstellers.*

**TRAINER-STRESS**
Heutzutage sind die Trainer der großen Clubs starker Belastung ausgesetzt; jede ihrer Entscheidungen wird hinterher in den Medien diskutiert. Bei den großen Clubs gesteht man einem neuen Trainer nur wenige Monate zu, um eine Mannschaft aufzubauen. Ruud Gullit musste 1999 seine Tätigkeit als Trainer für Newcastle United schon nach ein paar erfolglosen Monaten wieder aufgeben.

**TRIKOTWERBUNG**
In den 1970er-Jahren begannen die Firmen für die Trikotwerbung zu zahlen. Wenige Jahre später stellte dies auch für Amateurvereine eine interessante Einnahmequelle dar. Auf dem Foto (links) erkennt man die Logos der Sponsoren auf den Trikots sehr gut.

*Stürmer wie Papin können am meisten verlangen.*

*Logo einer französischen Supermarktkette*

**MILLIONENSCHWER**
Jean-Pierre Papin wechselte 1992 für 30 Mio. DM (etwa 15 Mio. €) von Marseille zum AC Mailand. Der Wechsel von Christian Vieri von Lazio Rom zu Inter Mailand kostete 1999 über 90 Mio. DM (etwa 45 Mio. €). Die Stars von heute wechseln auf diese Weise gerne den Verein, weil sie dabei jedes Mal eine hohe Prämie kassieren. Sogar hoch verschuldete Clubs geben Unsummen für prominente Spieler aus.

*Bei Chelsea (GB) sind die ausländischen Spieler, wie di Matteo, in der Mehrzahl.*

*Das Logo des Herstellers ist auf den Schuhen deutlich zu erkennen.*

**IM BLICKFELD**
Reklame am und rund um den Fußballplatz gibt es schon sehr lange. In den 1950er-Jahren warben vor allem Firmen aus der jeweiligen Umgebung auf diese Weise; durch die Fernsehübertragungen wurden diese Werbeflächen auch für multinationale Konzerne interessant. Einige Werbetafeln drehen sich regelmäßig und bieten so jeweils mehreren Firmennamen Platz. Bei manchen Fußballveranstaltungen, wie z.B. der Champions League, wird bei jedem Spiel für die gleichen Produkte geworben.

Abzeichen mit dem Emblem des AC Mailand

Weltpokal

**MEDIENZARE**
AC Mailand besitzt wie viele große Clubs ausgezeichnete Verbindungen zur Wirtschaft. Der italienische Medienzar Silvio Berlusconi kaufte den AC Mailand gerade, als das Fernsehen begann, sich noch stärker für Fußballübertragungen zu interessieren. Mit dem Geld konnten weitere Stars eingekauft werden.

**AB INS AUSLAND!**
Politische und juristische Entwicklungen haben den Wechsel zu einem ausländischen Verein sehr erleichtert. Bürger der Europäischen Union können in jedem EU-Land spielen. Roberto di Matteo kam 1996 als einer der ersten Italiener zu einem englischen Club. Nach einem Urteil des Europäischen Gerichtshofs muss ein Club keine Ablösesumme für einen Spieler zahlen, dessen Vertrag abgelaufen ist.

**CHAMPIONS VON WELTRANG**
Seit 1960 wird der Weltpokal, der Copa Europea-Sudamericana, als inoffizieller Wettbewerb zwischen dem Sieger der europäischen Champions League und dem Gewinner des Südamerika-Pokals Copa América ausgetragen. Seit 1981 findet das Endspiel in Tokio statt. Im 21. Jh. jedoch sollen daraus Meisterschaften entwickelt werden, bei denen der jeweils beste Club eines Landes antritt – und bei denen Fernsehübertragungen und Werbung eine bedeutende Rolle spielen werden.

# Daten und Fakten

## FUSSBALL-WELTMEISTERSCHAFTEN DER MÄNNER

**Endspiele und 3. Plätze**

*1930 Uruguay:*
Uruguay–Argentinien 4:2,
kein 3. Platz

*1934 Italien:*
Italien–Tschechoslowakei 2:1 n. V.,
3. Deutschland

*1938 Frankreich:*
Italien–Ungarn 4:2,
3. Brasilien

*1950 Brasilien:*
1. Uruguay, 2. Brasilien, 3. Schweden
(kein Endspiel)

*1954 Schweiz:*
Deutschland–Ungarn 3:2,
3. Österreich

*1958 Schweden:*
Brasilien–Schweden 5:2,
3. Frankreich

*1962 Chile:*
Brasilien–CSSR 3:1,
3. Chile

*1966 England:*
England–Deutschland 4:2 n. V.,
3. Portugal

*1970 Mexiko:*
Brasilien–Italien 4:1,
3. Deutschland

*1974 Deutschland:*
Deutschland–Niederlande 2:1,
3. Polen

*1978 Argentinien:*
Argentinien–Niederlande 3:1 n. V.,
3. Brasilien

*1982 Spanien:*
Italien–Deutschland 3:1,
3. Polen

*1986 Mexiko:*
Argentinien–Deutschland 3:2,
3. Frankreich

*1990 Italien:*
Deutschland–Argentinien 1:0,
3. Italien

*1994 USA:*
Brasilien–Italien 0:0 n. V., 3:2 n. E.,
3. Schweden

*1998 Frankreich:*
Frankreich–Brasilien 3:0,
3. Kroatien

*2002 Südkorea/Japan:*
Brasilien–Deutschland 2:0,
3. Türkei

## EWIGE TORSCHÜTZENBESTENLISTE (WM) DER MÄNNER

G. Müller (Deutschland/1970, 1974)
14 Tore
Fontaine (Frankreich/1958)
13 Tore
Ronaldo (Brasilien/1998, 2002)
12 Tore
Klinsmann (Deutschland/1990–1998)
11 Tore
Kocsis (Ungarn/1954)
11 Tore
Batistuta (Argentinien/1994–2002)
10 Tore
Cubillas (Peru/1970, 1978)
10 Tore
Lato (Polen/1974–1982)
10 Tore
Linneker (England/1986, 1990)
10 Tore
Pelé (Brasilien/1958, 1970)
10 Tore
Rahn (Deutschland/1954, 1958)
10 Tore
Ademir (Brasilien/1950)
9 Tore
Eusebio (Portugal/1966)
9 Tore
Jairzinho (Brasilien/1970, 1974)
9 Tore
Rossi (Italien/1978, 1982)
9 Tore
K. H. Rummenigge
(Deutschland/1978–1986)
9 Tore
U. Seeler (Deutschland/1958–1970)
9 Tore
Vavá (Brasilien/1958, 1962)
9 Tore
R. Baggio (Italien/1990–1998)
8 Tore
Maradona (Argentinien/1982,
1986, 1994)
8 Tore
Rivaldo (Brasilien/1998, 2002)
8 Tore
Stabile (Argentinien/1930)
8 Tore
Völler (Deutschland/1986–1994)
8 Tore
Careca (Brasilien/1986, 1990)
7 Tore
Schiaffino (Uruguay/1950, 1954)
7 Tore
da Silva (Brasilien/1938)
7 Tore
Bebeto (Brasilien/1994, 1998)
6 Tore
Bergkamp (Niederlande/1994, 1998)
6 Tore
Boniek (Polen/1978, 1982)
6 Tore
Haller (Deutschland/1966)
6 Tore
Hügi (Schweiz/1954)
6 Tore
Kempes (Argentinien/1978)
6 Tore
Matthäus (Deutschland/1986–1994)
6 Tore
Morlock (Deutschland/1954)
6 Tore
Probst (Österreich/1954)
6 Tore
Rivelino (Brasilien/1970, 1974)
6 Tore
Salenko (Russland/1994)
6 Tore
Sárosi (Ungarn/1934, 1938)
6 Tore
Schillaci (Italien/1990)
6 Tore
Stoitchkow (Bulgarien/1994)
6 Tore
Suker (Kroatien/1998)
6 Tore
Vieri (Italien/1998, 2002)
6 Tore
Zsengeller (Ungarn/1938)
6 Tore
Altobelli (Italien/1982, 1986)
5 Tore
Butragueno (Spanien/1986)
5 Tore
Cea (Uruguay/1930)
5 Tore
Hierro (Spanien/1998, 2002)
5 Tore
Klose (Deutschland/2002)
5 Tore
Krankl (Österreich/1978, 1982)
5 Tore
Milla (Kamerun/1990, 1994)
5 Tore
Morientes (Spanien/1998, 2002)
5 Tore
Nejedly (Tschechoslowakei/1934)
5 Tore
Piola (Italien/1938)
5 Tore

Platini (Frankreich/1978–1986)
5 Tore
Rensenbrink (Niederlande/1978)
5 Tore
Romario (Brasilien/1994)
5 Tore
Skuhravy (CSFR/1990)
5 Tore
Willimowski (Polen/1938)
5 Tore
Wilmots (Belgien/1998, 2002)
5 Tore
Zico (Brasilien/1978, 1982)
5 Tore

## FUSSBALL-WELTMEISTERSCHAFTEN DER FRAUEN

**Endspiele und 3. Plätze**

*1991 China:*
USA–Norwegen 2:1,
3. Schweden

*1995 Schweden:*
Norwegen–Deutschland 2:0,
3. USA

*1999 USA:*
USA–China 0:0 n. V., 5:4 n. E.,
3. Norwegen

*2003 USA:*
Deutschland–Schweden 2:1 n. V.,
3. USA

## EWIGE TORSCHÜTZEN-BESTENLISTE (WM) DER FRAUEN

Akers (USA/1991–1999)
12 Tore
Sun (China/1991–2003)
11 Tore
Wiegmann (Deutschland/1991–2003)
11 Tore
Aarones (Norwegen/1995, 1999)
10 Tore
Mohr (Deutschland/1991, 1995)
10 Tore
Prinz (Deutschland/1995–2003)
9 Tore
Riise (Norwegen/1991–1999)
9 Tore
Hamm (USA/1991–2003)
8 Tore
Liu (China/1991–1999)
8 Tore
Medalen (Norwegen/1991, 1995)
8 Tore
Pettersen (Norwegen/1995–2003)
8 Tore
Sissi (Brasilien/1999)
7 Tore
Gabarra (USA/1991, 1995)
6 Tore
Videkull (Schweden/1991, 1995)
6 Tore
Sundhage (Schweden/1991, 1995)
5 Tore

## FUSSBALL-EUROPAMEISTERSCHAFTEN DER MÄNNER

**Endspiele und 3. Plätze**

*1960 Frankreich:*
UdSSR–Jugoslawien 2:1 n. V.,
3. CSSR

*1964 Spanien:*
Spanien–UdSSR 2:1,
3. Ungarn

*1968 Italien:*
Italien–Jugoslawien 1:1 n. V. und 2:0,
3. England

*1972 Belgien:*
Deutschland–UdSSR 3:0,
3. Belgien

*1976 Jugoslawien:*
CSSR–Deutschland 2:2 und 5:3 n. E.,
3. Niederlande

*1980 Italien:*
Deutschland–Belgien 2:1,
3. CSSR

*1984 Frankreich:*
Frankreich–Spanien 2:0,
Spiel um den 3. Platz abgeschafft

*1988 Deutschland:*
Niederlande–UdSSR 2:0

*1992 Schweden:*
Dänemark–Deutschland 2:0

*1996 England:*
Deutschland–Tschechien 2:1 n. V.

*2000 Niederlande/Belgien:*
Frankreich–Italien 2:1 n. V.

*2004 Portugal:*
Griechenland–Portugal 1:0

## FUSSBALL-EUROPAMEISTERSCHAFTEN DER FRAUEN

**Endspiele und 3. Plätze**

*1984:*
Schweden–England 1:0/0:1, 4:3 n. E.,
kein 3. Platz

*1987 Norwegen:*
Norwegen–Schweden 2:1,
3. Italien

*1989 Deutschland:*
Deutschland–Norwegen 4:1,
3. Schweden

*1991 Dänemark:*
Deutschland–Norwegen 3:1 n. V.,
3. Dänemark

*1993 Italien:*
Norwegen–Italien 1:0,
3. Dänemark

*1995 Deutschland:*
Deutschland–Schweden 3:2,
Spiel um den 3. Platz abgeschafft

*1997 Norwegen/Schweden:*
Deutschland–Italien 2:0

*2001 Deutschland:*
Deutschland–Schweden 1:0 n. V.

*2005 England:*
Deutschland–Norwegen 3:1

# Worterklärungen

**Abseits**
Im Augenblick der Ballabgabe durch die angreifende Mannschaft muss sich zwischen dem vordersten Spieler der angreifenden Mannschaft und dem gegnerischen Torhüter mindestens ein Spieler der verteidigenden Mannschaft befinden. Abseits ist nicht, wenn der angreifende Spieler den Ball direkt aus einem Abstoß, Eckstoß oder einem Einwurf bekommt. Abseits ist ebenfalls nicht, wenn sich beide Spieler auf gleicher Höhe befinden und der Ball zuletzt vom Gegner gespielt worden ist und auch nicht, wenn der angreifende Spieler zwar allein vor dem Torwart steht, aber nicht am Spielgeschehen teilnimmt. Diese Regel wurde im August 2005 nach längerer Diskussion modifiziert: Ein Spieler in einer Abseitsstellung kann bestraft werden, bevor er den Ball spielt oder berührt, falls er nach Ansicht des Schiedsrichters ins Spiel eingreift, einen Gegner beeinflusst oder aus seiner Stellung einen Vorteil zieht. Nach jeder strafbaren Abseitsstellung verhängt der Schiedsrichter einen indirekten Freistoß für die gegnerische Mannschaft an der Stelle, wo sich der Verstoß ereignete.

**Abstoß**
Nachdem der Gegner den Ball hinter die Torauslinie geschossen hat, wird er auf die Grenzlinie des Fünfmeterraums gelegt und vom Torwart oder einem Mitspieler per Schuss wieder ins Spiel gebracht.

**Abwurf**
Der Torwart wirft den Ball mit der Hand wieder ins Spielgeschehen, ohne dass das Spiel vorher unterbrochen wurde. Der Abwurf muss innerhalb des Strafraums erfolgen.

**Amateurspieler**
Frühere Bezeichnung für Spieler, die im Gegensatz zu den Profispielern keinerlei finanziellen Vorteil hatten. Heutzutage erhalten selbst Spieler der untersten Ligen – offiziell oder inoffiziell – finanzielle Zuwendungen von ihren Vereinen bzw. deren Sponsoren.

**Anstoß**
Jeweils zu Beginn des Spiels, zu Beginn der zweiten Halbzeit und nach jedem Torerfolg wird der Anstoß vom Mittelpunkt des Spielfelds ausgeführt. Die nicht anstoßende Mannschaft befindet sich dabei außerhalb des Anstoßkreises. Das Anstoßrecht wird vor Beginn des Spiels per Münzwurf durch den Schiedsrichter ausgelost.

**Champions League**
Nachfolge-Turnier des Europapokals der Landesmeister, das ständigen Regeländerungen unterworfen ist. Der Sieger wird in Gruppenspielen bis zum Viertelfinale sowie im Halbfinale und im abschließenden Finale ermittelt. Teilnehmer sind nicht nur die Meister der europäischen Ligen, sondern auch einige schlechter platzierte Mannschaften dieser Ligen. Mannschaften, die in der Champions League früh ausscheiden, nehmen automatisch am UEFA-Pokal teil. Geplant ist es, die Champions League durch eine Europaliga zu ersetzen, in die sich europäische Vereine einkaufen können.

**Double**
Aus dem Englischen entlehnte Bezeichnung für den Gewinn der zwei bedeutendsten Fußball-Wettbewerbe – meist Meisterschaft und Pokal – durch dieselbe Mannschaft in einer Saison.

**Flanken**
Bei der Flanke wird der Ball von der Außenseite des Spielfelds hoch vor das Tor geschlagen. Der Stürmer, den die Flanke erreicht, versucht aus dieser Position direkt ein Tor zu erzielen, meist durch Kopfball oder Volleyschuss, seltener durch Fallrückzieher. Für den Torwart besonders gefährlich sind „Bananenflanken", bei denen der Ball eine bananenförmige Flugbahn beschreibt. Der Torwart hat hierbei kaum eine Möglichkeit, den Ball zu fangen, da dieser sich im letzten Moment vom Tor wegdreht.

**Foul**
Regelverstoß einem Gegenspieler gegenüber. Grobe Fouls, bei denen der Gegenspieler ernsthaft verletzt wird oder bei denen die Verletzungsabsicht erkennbar ist, werden mit der Roten Karte, einmalige geringfügige Fouls mit der Gelben Karte bestraft. Begeht ein bereits mit der Gelben Karte verwarnter Spieler ein weiteres Foul, kann der Schiedsrichter auch die Gelb-Rote Karte zeigen.

**Libero**
Abwehrspieler, der keinen direkten Gegenspieler zu bewachen hat, sondern als freier Mann die letzte Abwehrstation gegen angreifende Spieler ist. Von ständiger Abwehrarbeit entbunden, kann der Libero sich öfter als andere Verteidiger auch in das Angriffsspiel der eigenen Mannschaft einschalten.

**Mittelfeldspieler**
Spieler, die die Mittelachse einer Mannschaft bilden. Sie haben das größte Laufpensum zu absolvieren, da sie sowohl die Verteidigung vor der Abwehr übernehmen als auch die Stürmer mit Pässen und Flanken versorgen. Defensive Mittelfeldspieler konzentrieren sich fast ausschließlich auf Abwehraufgaben, offensive Mittelfeldspieler sind zusätzliche Stürmer. Mittelfeldregisseure fungieren als Ballverteiler und Ideengeber für den Angriff.

**Pässe**
Beim Querpass spielen sich zwei Spieler, die sich auf gleicher Spielfeldhöhe befinden, den Ball zu. Steilpässe werden in Richtung gegnerisches Tor geschlagen, Rückpässe in Richtung eigenes Tor. Querpässe dienen oft zur Verzögerung des Spiels oder dazu, den Spielfluss der gegnerischen Mannschaft zu unterbrechen oder den Gegner aus der Abwehr herauszulocken.

**Gelbe, Rote und Gelb-Rote Karte**
Bestrafungsmittel des Schiedsrichters bei Regelverstößen der Spieler. Die Gelbe Karte ist eine erste Ermahnung ohne weitere Konsequenzen für den Spieler, es sei denn, er hat in den vorherigen Spielen einer Saison oder eines Turniers schon eine gewisse Anzahl von Gelben Karten erhalten – er wird dann für ein Spiel gesperrt. Die Rote Karte bedeutet den sofortigen Ausschluss des Spielers vom Spiel und eine Sperre für darauf folgende Spiele, über deren Dauer ein Sportgericht zu entscheiden hat. Gelb-Rote Karten bedeuten ebenfalls den sofortigen Spielausschluss, ziehen aber keine längere Sperre nach sich. Zu Regelverstößen zählen Unsportlichkeiten wie z.B. Fouls, absichtliches Handspiel, Spielverzögerung, Handgreiflichkeiten, Beschimpfungen und das Ausziehen des Trikots während des Spiels.

**Strafraum**
Abgegrenzter Raum vor beiden Toren. Er erstreckt sich 16 m vom Tor aus in das Spielfeld hinein und ist 40 m breit. Innerhalb des Strafraums wird ein Foul an einen angreifenden Spieler oder ein Handspiel der verteidigenden Mannschaft mit einem Strafstoß bestraft. Der Torwart darf nur innerhalb des Strafraums den Ball in die Hand nehmen. Bei einem Abschlag darf er nur bis zur Strafraumgrenze vorgehen. Bis ca. 5 m vor seinem Tor darf der Torwart körperlich nicht angegangen werden, im restlichen Strafraum unter Beachtung der Foul-Regelung.

**Stürmer**
Spieler, deren Hauptaufgabe darin besteht, mit allen Mitteln, erlaubten und nicht erlaubten, Tore zu erzielen. Von ihnen wird jedoch auch erwartet dann und wann Verteidigungsaufgaben zu übernehmen. Außenstürmer halten sich oft auf der rechten bzw. linken Spielfeldseite auf und schlagen Flanken in den Strafraum. Mittelstürmer werden häufig nur an der Anzahl der erzielten Tore gemessen und nicht an ihrer Spielweise. Stürmer sind meist hochspezialisiert: Rechts- oder Linksfüßer, Kopfballspezialisten, Elfmeterschinder, Dribbler u.a.m. Oft sind sie die teuersten Spieler einer Mannschaft.

**Torwart**
Der Spieler, der das Tor bewacht und als einziger den Ball während des Spiels im Strafraum mit der Hand berühren darf. Zur Abwehr des Balls kann er den Ball fangen, fausten oder neben bzw. über das Tor lenken. Der Torwart muss sich in der Spielkleidung von den Feldspielern unterscheiden. Zu einer Mannschaft gehören meist drei Torhüter, von denen aber jeweils nur einer eingesetzt werden kann. Manche Torhüter schießen die Strafstöße ihrer Mannschaft oder stürmen in den letzten entscheidenden Spielminuten mit.

**Trainer**
Verantwortlicher, der sowohl die sportliche als auch die psychologische Betreuung der Spieler übernimmt. Viele Vereine und Fußballverbände beschäftigen für eine Mannschaft häufig mehrere Trainer: einen hauptverantwortlichen, der die Taktik vorgibt, über die Mannschaftsaufstellung entscheidet und Auswechselungen vornimmt, einen Co-Trainer, der das eigentliche Training der Mannschaft mit leitet, einen Trainer eigens für die Torhüter usw. Trainer sind verantwortlich für den sportlichen Erfolg und Misserfolg, fungieren oft als Pressesprecher und entscheiden zusammen mit dem Manager und dem Präsidium über den Einkauf und Verkauf von Spielern. Erfahrene Spieler sind manchmal gleichzeitig aktive Spieler und Trainer (Spielertrainer).

**UEFA-Pokal**
Ein von der Union Europäischer Fußballverbände ausgerichtetes Turnier, das im Lauf einer Saison abgehalten wird. Hierbei treffen die in ihren nationalen Meisterschaften hinter den Meistern platzierte Mannschaften, die Gewinner der nationalen Pokalwettbewerbe sowie die Verlierer der Champions League paarweise aufeinander. Die Spielpaarungen werden vor Beginn des Turniers durch Los bestimmt. Der jeweilige Verlierer im Hin- und Rückspiel (addiertes Gesamtergebnis) scheidet aus. Die jeweiligen Sieger treten wiederum gegeneinander an, bis die zwei letzten Mannschaften das Endspiel bestreiten.

**Verteidiger**
Abwehrspieler einer Mannschaft, die neben dem Torwart die Hauptaufgabe haben, Tore der gegnerischen Mannschaft zu verhindern und angreifende Spieler bei dem Versuch Tore, zu erzielen, zu behindern. Gelangt ein Verteidiger in Ballbesitz, wird von ihm erwartet, den Gegenangriff seiner Mannschaft überlegt einzuleiten. Manndecker versuchen über die gesamte Spieldauer einen bestimmten Stürmer oder Mittelfeldspieler des Gegners zu stören. Innenverteidiger sind für den mittleren Torraum verantwortlich, Außenverteidiger für die Außenseiten. Manche Außenverteidiger wurden für ihre Flankenläufe in die gegnerische Spielhälfte berühmt.

# Legendäre Fußballspieler- und spielerinnen

**Roberto Baggio** (geb. 18.2.1967)
Der Italiener galt in den 1990er-Jahren als einer der besten Stürmer weltweit. Er begann seine Karriere beim AC Florenz und wechselte nach der WM 1990 zu Juventus Turin, wo er den besten Fußball seiner Laufbahn spielte. Baggio wurde im WM-Finale 1994 gegen Brasilien zur tragischen Figur: Er verschoss den letzten Elfmeter.
✦ WM-Teilnehmer 1990 und 1994. „Europas Fußballer des Jahres" 1993.

**Franz Beckenbauer** (geb. 11.9.1945. Foto S. 35)
Spieler, Trainer, Funktionär: Beckenbauer ist einer der erfolgreichsten Männer im deutschen Fußball. In seinen zwölf Jahren als Nationalspieler bestritt der Libero 103 Länderspiele. Auch bei seinem Verein, dem FC Bayern München, machte er sich als genialer Regisseur einen Namen. Nach seiner aktiven Laufbahn wurde der „Kaiser" Teamchef der deutschen Nationalmannschaft. Der heutige Präsident des FC Bayern München war maßgeblich daran beteiligt, die WM 2006 nach Deutschland zu holen.
✦ Als Spieler fünffacher deutscher Meister. 50-mal Kapitän der DFB-Elf. Weltmeister 1974, Vizeweltmeister 1966. Als Trainer mit Deutschland 1986 Vizeweltmeister und 1990 Weltmeister. Deutscher „Jahrhundertfußballer".

**David Beckham** (geb. 2.5.1975. Foto S. 17)
Das englische Mittelfeldass (Spezialität: Freistöße und angeschnittene Flanken) zählt zu den populärsten Fußballspielern der Welt. Als 16-jähriger begann er seine Karriere bei Manchester United und wechselte 2003 zu Real Madrid. Zu seinem Starimage verhalf ihm nicht nur sein spielerisches Talent, sondern ebenso sein Talent zur Selbstinszenierung: „Becks" wurde zur Mode-Ikone.
✦ Mit Manchester United sechsmaliger englischer Meister.

**Bobby Charlton** (geb. 11.10.1937. Foto S. 32)
Der englische Mittelfeldspieler, einer der berühmtesten Spieler aller Zeiten, kam mit 17 Jahren zu Manchester United und blieb dem Verein 19 Jahre lang treu. Seine Position war das offensive Mittelfeld, aus der heraus er zahlreiche spektakuläre Tore schoss (bei 750 Partien für ManU traf er 247-mal). Seinen größten Auftritt hatte er bei der WM 1966, bei der er seiner Mannschaft mit drei Toren und brillantem Spiel zum Sieg verhalf.
✦ 106 Länderspiele (49 Tore) für England. WM-Teilnehmer 1958, 1962, 1966 und 1970. Weltmeister 1966, in diesem Jahr auch „Europas Fußballer des Jahres".

**Johann Cruyff** (geb. 25.4.1947. Foto S. 32)
Cruyff, der mit 13 Jahren die Schule abbrach, fing mit 12 Jahren seine Karriere als Fußballer an. Mit 19 kam er zu Ajax Amsterdam. Sowohl im Mittelfeld als auch im Sturm war der antrittsschnelle, intelligente und technisch brillante Spieler die zentrale Figur seiner Mannschaft. In den 70er-Jahren war Cruyff nicht nur spielerisch eine auffallende Erscheinung: So provozierte er immer wieder gern durch Eigenwilligkeiten wie das Tragen anderer Schuhe, als vertraglich mit dem Sponsor adidas vereinbart. Wie Beckenbauer war „König Johann" nach seiner aktiven Laufbahn auch als Trainer erfolgreich.
✦ 48 Länderspiele (33 Tore) für die Niederlande; 33-mal Kapitän der Oranjes. Vize-Weltmeister 1974. Dreimal „Europas Fußballer des Jahres". 2000 „Jahrhundertfußballer" Europas.

**Mariel Margret (Mia) Hamm** (geb. 17.3.1972)
Die US-amerikanische Stürmerin machte Frauenfußball in den USA populär; heute gehört Soccer zu den beliebtesten Sportarten amerikanischer Mädchen. Hamm beendete 2004 ihre Karriere als bislang erfolgreichste Fußballerin der Welt.
✦ Fußballweltmeisterin 1991 und 1999, dritte Plätze bei der WM 1995 und 2003. Goldmedaille bei Olympia 1996 und 2004, Silbermedaille 2000. 2001 und 2002 „Weltfußballerin des Jahres".

**Jürgen Klinsmann** (geb. 30.7.1964)
Der schnelle, torgefährliche Stürmer erzielte für den VfB Stuttgart bei 156 Einsätzen 79 Tore. Er spielte u.a. für Inter Mailand, Tottenham Hotspurs und den FC Bayern München; seinen Karrierehöhepunkt erlebte „Klinsi" bei der WM 1990 in Italien, als er Deutschland mit drei Toren zum Sieg verhalf. Nach seiner aktiven Karriere bereitet er das deutsche Team als Trainer auf die WM 2006 vor.
✦ 108 Länderspiele (47 Tore) für Deutschland. 11 Treffer bei drei WMs: 1990, 1994 und 1998. WM-Sieg 1990. Bronzemedaille bei Olympia 1988.

**Diego Armando Maradona** (geb. 30.10.1960. Foto S. 33)
Seit der WM 1986 zählt Maradona zu den größten Fußballstars aller Zeiten. Der Argentinier begann seine Profikarriere mit 16 Jahren und wechselte mit 21 Jahren zum FC Barcelona. Seine beste Zeit erlebte er beim SSC Neapel. Der Stürmer, dessen Karriere durch seine Drogenprobleme getrübt wurde, hatte bei der WM von 1986 seinen größten Auftritt, der Sieg war praktisch ihm zu verdanken. Die legendäre Nr. 10 bleibt im argentinischen Nationalteam für Maradona reserviert; von den Fußballfans seiner Heimat wird er noch heute wie ein Heiliger verehrt.
✦ WM-Teilnahme 1982, 1986, 1990, 1994. Weltmeister 1986, Vizeweltmeister 1990. Viermal Argentiniens „Fußballer des Jahres".

**Gerd Müller** (geb. 3.11.1945. Foto S. 32)
Deutschlands erfolgreichster Mittelstürmer aller Zeiten kam als 20-Jähriger zum FC Bayern München, dem er bis zum Ende seiner Laufbahn die Treue hielt. „Der Bomber der Nation" war kein blendender Techniker; was ihn auszeichnete, war sein unglaublicher Torinstinkt und sein Vermögen, selbst auf engstem Raum Tore zu erzielen – und sein knallharter Schuss.
✦ 62 Länderspiele (68 Tore) für Deutschland. WM-Teilnehmer 1970 und 1974. Weltmeister 1974. Torschützenkönig der WM 1970. „Europas Fußballer des Jahres" 1970.

**Pelé, Edson Arantes do Nascimento** (geb. 23.10.1940. Foto S. 35)
Der unangefochten größte Fußballspieler aller Zeiten begann seine Profikarriere bereits mit 15 Jahren, seinen ersten WM-Auftritt erlebte der Brasilianer mit 17. Er brillierte nicht nur für seine Vereine – vor allem den legendären Klub Santos –, sondern auch bei den vier WMs, an denen er teilnahm: So erzielte er bei seinem ersten Einsatz 1958 im Halbfinale gegen Frankreich innerhalb von 23 Minuten einen Hattrick. 1960 wurde er zum „nicht-exportierbaren National-Schatz" erklärt, der trotz gigantischer Auslandsangebote nicht verkauft werden durfte. Pelé – der einzige Spieler, der dreimal Weltmeister wurde – ist bis heute eine der Lichtgestalten des internationalen Fußballs.
✦ 92 Länderspiele (77 Tore) für Brasilien. WM-Teilnehmer 1958, 1962, 1966 und 1970. Weltmeister 1958, 1962 und1970. 2000 Wahl zum „Weltfußballer des Jahrhunderts".

**Michel Platini** (geb. 21.6.1955. Foto S. 35)
Der französische Mittelfeldspieler und Freistoßspezialist wechselte nach seinen ersten Stationen beim AS Nancy und AS Saint-Étienne 1982 zu Juventus Turin und hatte dort seine erfolgreichste Zeit. Bei der EM 1984 war er der herausragende Spielgestalter seiner Mannschaft, schoss selbst neun Tore und wurde Europameister. Gemeinsam mit drei Mannschaftskollegen bildete der „Mozart des Fußballs" bei den WMs in Spanien und Mexiko eine legendäre Mittelfeldreihe, „das magische Viereck". Als Trainer war er weniger erfolgreich.
✦ 72 Länderspiele (41 Tore) für Frankreich. WM-Teilnehmer 1978, 1982 und 1986. 1983, 1984 und 1985 Europas „Fußballer des Jahres". 1984 und 1985 zudem „Weltfußballer des Jahres".

**Birgit Prinz** (geb. 25.10.1977)
Die deutsche Stürmerin ist die herausragende Spielerin im internationalen Frauenfußball; sogar ein Männerfußballverein (der AC Perugia) versuchte sie anzuwerben – allerdings vergeblich. Die Torschützenkönigin der WM 2003 (sieben Tore in sechs Spielen) begann ihre Profikarriere beim FSV Frankfurt und spielt nach einer Saison beim amerikanischen Damen-Profifußballverein Carolina Courage derzeit beim Frauenfußballmeister 1. FFC Frankfurt.
✦ Weltmeisterin 2003. Europameisterin 2001 und 2005. Bronzemedaille bei Olympia 2000 und 2004. Fünffache deutsche „Fußballerin des Jahres"; „Weltfußballerin des Jahres" 2003 und 2004.

**Ferenc Púskas** (geb. 2.4.1927. Foto S. 35)
Ungarns bester Stürmer aller Zeiten war der Kopf des Nationalteams, das in den 50er-Jahren 29 Spiele hintereinander ungeschlagen blieb – bis es im Finale der WM 1954 mit 2:3 geben Deutschland unterlag. Der vierschrötige Púskas, der mit dem linken Fuß schoss, hat eine unglaubliche Torbilanz: In der Nationalelf traf er bei 84 Spielen 83-mal. Mit 30 Jahren begann der „Galoppierende Major" (sein Heimatklub Honved war ein Armeeverein) eine zweite, unglaubliche Karriere bei Real Madrid.
✦ Vizeweltmeister mit Ungarn 1954. Olympiasieger 1952. 8-mal Torschützenkönig in Spanien und Ungarn.

**Fritz Walter** (31.10.1920–17.6.2002)
Der Spielmacher des 1. FC Kaiserslautern ist die Symbolfigur des deutschen Nachkriegsfußballs. Trotz lukrativer Angebote aus dem Ausland blieb der brillante Mittelfeldspieler seinem Verein treu und siegte als Kapitän und „verlängerter Arm" seines Trainers Sepp Herberger im legendären Endspiel der WM 1954 gegen Ungarn. 1985 wurde das Stadion der Lauterer ihm zu Ehren in Fritz-Walter-Stadion umbenannt.
✦ Zweimaliger Deutscher Meister. 61 Länderspiele (33 Tore) für Deutschland. WM-Teilnehmer 1954 und 1958; WM-Titel 1954.

**Zinedine Zidane** (geb. 23.6.1972. Foto S. 16)
Der Sohn algerischer Einwanderer kam mit 14 in das Fußballinternat des AS Cannes und mit 17 in die 1. Mannschaft des Vereins. Seine internationale Karriere begann 1996 bei Juventus Turin. 2001 wechselte „Zizou" als bis dahin teuerster Spieler zu Real Madrid. Der Mittelfeldspieler ist ein brillanter Techniker, seine Spezialität sind seine auch in Bedrängnis präzise zugespielten Pässe. Der größte Erfolg des auch „weiße Katze" genannten Spielers war bisher die WM 1998, als er im Finale zwei Tore schoss. Nach seinem Rücktritt nach der verpatzten WM 2002 kehrte er im August 2005 für die WM 2006 in die französische Nationalmannschaft zurück.
✦ Weltmeister 1998. 1998 „Europas Fußballer des Jahres". „Weltfußballer des Jahres" 1998 und 2000.

**Dino Zoff** (geb. 28.2.1942)
Der legendäre italienische Torhüter, ein Athlet von 182 cm Größe, war als Kind klein und schmächtig. Das hinderte ihn nicht daran, eine beispiellose Karriere zu starten, die 1957 beim US Udinese begann und 1983 bei Juventus Turin endete. Dort stand „Dino Nazionale" 332-mal ohne Unterbrechung im Tor. Ähnlich wie Beckenbauer und Cruyff war Zoff nach dem Ende seiner aktiven Laufbahn als Trainer, Präsident und Funktionär erfolgreich.
✦ 112 Länderspiele für Italien; 59-mal Kapitän der Squadra Azurra, der italienischen Nationalmannschaft. WM-Teilnehmer 1974, 1978 und 1982. Weltmeister 1982.

# Register

## A


Ablösesumme 57
Abseitsfalle 21
Abseitsregel 21
Abstoß 10, 19
Abwurf 19
Abzeichen 13, 43, 46, 50
AC Mailand 14, 38 57
Accrington Stanley 36
Afrika 9
Afrika-Nationenecup 37, 41, 51
Ägypten 9, 51
Ajax 38
Amateurspieler 8, 10, 14, 36
American Football 25
Anstoß 10, 11
Argentinien 21, 39, 49, 51
Arzt 23
Aufwärmtraining 22
Auswärtsspiel 28
Auswechselspieler 11, 12, 21, 23
Autogrammalbum 40


## B


Baggio, Roberto 17, 61
Ballbeherrschung 16, 17
Balljunge 25
Banks, Gordon 32
Barthez, Fabien 49
Basten, Marco van 34
Batistuta, Gabriel 17
Bayern München 39, 50
Beckenbauer, Franz 35, 39, 61
Beckham, David 17, 61
Benfica Lissabon 38, 50
Berlusconi, Silvio 57
Berufsfußball 8
Bestechung 56
Bierhoff, Oliver 16
Bolton Wanderers 11
Brasilien 41, 44, 47, 48, 51
Breitner, Paul 39
British Ladies' Club 9, 38
Bücher 7


## C


Calcio 6, 25
Carey, Johnny 37
Carlos, Roberto 16
Chapman, Herbert 20
Charlton, Bobby 32, 61
Chile 48
China 6
Clubs 38, 39
Computerspiele 52
Copa América 51
Copa Libertadores 39
Cruyff, Johann 32 38, 61


## D


Demonstrationsspiele 8
Deutschland 39
DFB (Deutscher Fußballbund) 8
Double 36
Drainage 14, 15
Dribbeln 14, 17, 24


## E


Eckfahne 11
Eckstoß 10, 17
Eintrittskarten 42
England 6, 8, 31
English Football League 8
Europapokal 38 39, 50, 51
Eusebio 33


## F


FA (Football Association) 8
Fallrückzieher 17
Fanartikel 40
Fans 40, 41, 42 56
FA-Pokal 11, 42, 51
Faustabwehr 18
FC Barcelona 38, 39, 44
FIFA (Fédération Internationale de Football Associations) 9, 12, 13, 21, 46, 48, 49
Finney, Tom 37
Fitness 22
Flutlicht 44
Foul 10, 11
Frankreich 9, 16, 20, 45, 49
Frauenfußball 9, 38
Freistoß 10, 19
Fry, C. B. 8
Fußbälle 24, 25
Fußballflickzeug 25
Fußballflipper 52
Fußballpumpen 25
Fußball-Sammelkarten 54
Fußballschuhe 26, 27
Fußballspielsachen 52, 53, 55


## G


Garrincha 33, 47
Gascoigne, Paul 23
Geschenke 36
Geschicklichkeit 16, 17
Glocken 41
Gregg, Harry 11
Gullit, Ruud 56
Gürtel 30


## H


Hamm, Mia 61
Handschuhe 18 31
Harrow School, Englische Privatschule
Heimspiel 28
Heysel-Stadion, Brüssel 50
Hillsborough-Stadion, Sheffield 44
Honeyball, Netty 38


## I


Independiente Buenos Aires 39
Irland 18
Islington Corinthians 8
Italien 6, 22, 38


## J


James, Alex 29, 36
Japan 7
Jaschin, Lew 34
Juventus Turin 35, 38


## K


Kappen 31, 36, 37
Kartenspiele 52
Keane, Roy 19
Kelly, Alan 18
Kemari 7
Kempes, Mario 49
Kickspiel 53
Kinnaird, Lord 8
Kirke Smith, Arnold 8
Klinsmann, Jürgen 61
Kopa, Raymond 34
Kopfstoß 16, 24
Kunstrasen 15


## L


Länderspiel, erstes 8
Leonidas 17
Liberosystem 20
Linienmarkierungen 14
Linienrichter 12, 13
Lofthouse, Nat 11


## M


Manchester United 11, 19, 32, 39
Maracanã-Stadion, Rio de Janeiro 44, 46
Maradona, Diego 33, 61
Marseilles 38, 57
Maskottchen, WM 46, 48
Matteo, Roberto di 57
Matthews, Stanley 34
Meazza, Giuseppe 33
Mechanisches Spielzeug 53
Medaillen 36
Medizinbälle 22
Meredith, Billy 56
Milla, Roger 32
Mittelfeldspieler 16, 20
Müller, Gerd 32, 39, 61
Münchner Flugzeugunglück 32, 39


## N


Newcastle United 28
Niederlande 20, 28, 38, 46
Norwegen 21
Nou Camp Stadion, Barcelona 44


## O


Olsen, Egil 21
Olympische Spiele 50, 55
Orkneyinseln 25
Overmars, Marc 28


## P


Pallone 25
Papin, Jean-Pierre 14, 57
Pässe 17
Pelé 35, 46, 47, 61
Physiotherapie 22
Platini, Michel 35, 61
Pokale (Cups) 50, 51
Portugal 38
Pozzo, Vittorio 22
Preston North End 36
Profispieler 8, 12, 16, 56
Programmhefte 42, 47, 50
Puskás, Ferenc 35, 39, 61
Prinz, Birgit 61


## Q


Querpass 17


## R


Ratschen 41
Real Madrid 39, 50
Regeln 10, 11, 18, 21, 28
Rimet, Jules 38, 47
Ronaldo 17, 49
Rose Bowl Stadion, Pasadena 50
Rote und Gelbe Karte 12
Rückpassregel 18


## S


San Siro Stadion, Mailand 15
Schiedsrichter 12, 13
Schiedsrichterpfeife 12
Schienbeinschützer 30, 31, 56
Schmeichel, Peter 19
Schnürsenkel 27
Schottland 8
Schuss 17
Schusswinkel, verkürzter 19
Seitenlinien 15
Shorts 29
Shrove-Tuesday-Spiele 6
Sicherheitspersonal 43
Soccer 9
Souvenirs 36, 37, 40, 49, 52, 54, 55, 56
Spieleraufstellungen 20
Spielfeld 11, 14, 15
Spielfeldmarkierung 11
Spielkleidung 12, 13, 18, 19, 28, 29, 31
Spielstrategie 16, 19, 20, 21
Spieltechnik 16, 17
Sponsoren 56, 57
Stade de France, St. Denis 45
Stadien 15, 44, 45
Stefano, Alfredo di 37, 39
Stollen 26, 27
Strafraum 10
Strafstoß 10, 11
Strafstoßpunkt 10
Straßenfußball 7, 14, 25
Stürmer 16, 20
Stutzen 29
Suárez, Luis 34

## T

Tackling 16
Taktik 20, 21
Thuram, Lilian 16, 49
Tierblase 24, 25
Tornetze 11
Torpfosten 10
Torraum 10
Torwart 18, 19
Totaler Fußball 20
Trainer 20, 37, 56
Training 16, 18, 22
Trench Football-Spiel 52
Tribünen 15, 44
Trikot 18, 28, 56
Trophäe 47, 48, 50, 51Tunnel 44
Turniere 50, 51

## U

UEFA (Union der europäischen Fußballverbände) 51
UEFA-Pokal 51
Uhren 55
Ungarn 36
Uruguay 46, 51
USA 9, 43, 46, 49, 50

## V

Vavá 47
Vereinswechsel 57
Verletzungen 21, 22, 23
Verteidiger 16, 20
Vermarktung 48, 56, 57
Verwarnung 13
VfB Leipzig 8
Vorteilsregel 10

## W

Walter, Fritz 61
Washington Redskins 49
Weltkriege 37, 41, 52
Weltmeisterschaft (WM) 9, 24, 36, 37, 38, 42, 45, 46, 47, 49, 50, 54
Weltmeisterschaft der Frauen 9, 50
Weltpokal (World Club Cup) 57
Wembley-Stadion 44
Werbung 54, 57, 58
Wettkampf 8, 50
Widdowson, Samuel 30
World Cup Willie 48

## Z

Zagalo, Mario 47
Zidane, Zinedine 16, 61
Zoff, Dino 61


# Bildnachweis

o = oben, u = unten, m = Mitte, l = links, r = rechts

Action Plus: 58ul, Gyn Kirk 15l, 18or, 18ml, 18ur, 19ol, 23mr, 44ur, 51ul, 58mlu, Matthew Clarke 19m, Neil Tingle 12ur; Allsport: 34ml, 34ur, 35ol, 35m, Ben Radford 58mr, Christopher Guibbaud 59ol, Claudio Villa 18ul, Clive Brunskill 16ul, David Cannon 19m, 53mr, David Leah 53m, Don Morley 18ur, Hulton Getty 36ul, Jed Jacobsohn 52m, Michael Cooper 59m, Michael King 36–37um, Scott R. Indermaur 45ol, Vincent Laforte 52ur; Bryan Horsnell: 44ml, 44ml, 44ml; Colorsport: 13or, 21r, 23ur, 29or, 30or, 34ul, 41or, 46–47u, 59or, Jerome Provost 41um, Olympia 36ur, 37or; Corbis UK Ltd.: S. Carmona 46mlu; Empics Ltd.: 34or, Don Morley 37or, Michael Steele 43ul, 43ur, Neale Simpson 40ml, Peter Robinson 36om, 49l, 59ur, Tony Marshall 19ul, Topham Picturepoint 36um, 37ol, Witters 34or; Hulton Getty: 19ul, 35mr, 35ul, 36ol; Mark Leech: 45ul; Popperfoto: 53ml; Sporting Pictures (uk) Ltd.: 4mr, 24ml, 25ol, 25or, 33ur, 38ul, 46ml;

Umschlag: Allsport: Cover ml, Graham Chadwick Rückseite ul, Gary M. Prior Rückseite ml, Ben Radford Cover mr; Bryan Horsnell: Rückseite mu, mul, om, mur, Cover om; Colorsport: Rückseite ur, mlo; Mary Evans Picture Library: Rücken, Cover omr; The Robert Opie Collection: Rückseite ol, ol, Cover or.